AF237453

Gute Laune für Körper und Geist

glücklich ganzheitlich gesund

Gisa Seeliger

Gute Laune für Körper und Geist

glücklich ganzheitlich gesund

Bibliografische Informationen der Deutschen Nationalbibliothek:
Die Deutsche Nationalbibliothek verzeichnet diese Publikation
in der Deutschen Nationalbibliografie; detaillierte bibliografische
Daten sind im Internet über http://dnb.dnb.de abrufbar.

Umschlagsgestaltung, Herstellung und Verlag:
BoD – Books on Demand, Norderstedt

ISBN: 978-3-753458250

„Der größte Fehler bei der Behandlung von Krankheiten ist,
dass es Ärzte für den Körper und Ärzte für die Seele gibt,
wo doch beides nicht voneinander getrennt werden kann."

Platon
(griechischer Philosoph um 428 bis 347 v. Chr.)

Inhalt

Zwielichte Gestalten begegneten mir in diesem Irrgarten, aus dem es scheinbar kein Entkommen gab. Grinsend wiesen sie mir den falschen Weg und führten mich immer tiefer in das Labyrinth. Sie erzählten mir Geschichten, die mich in ein geistiges Schlachtfeld ohne Schützengraben schickten. Ich war umgeben von Quacksalbern und Klugscheißern, irritiert und verwirrt von dem ganzen Ernährungswahnsinn, von verlogenem Gelaber, wirkungslosen Methoden, haltlosen Versprechen und Waggonladungen an Widersprüchen. Ich fand den Ausgang aus dem Labyrinth und bin an einen Ort voller Wahrheit und Klarheit gereist. Dorthin möchte ich Sie mitnehmen.

Ihre Reise in eine gesunde Lebensweise

Dieses Buch schreibe ich für Sie – von Mensch zu Mensch ohne wissenschaftlichen Schnickschnack und alltagstauglich. Ich bin weder Ärztin, Psychologin, Heilpraktikerin oder ähnliches. Ich habe nur die ganzheitliche Gesundheit der Naturheilkunde studiert und lebe seitdem danach. Die wunderbaren Wirkungen möchte ich mit Ihnen teilen.

Sie lernen Zusammenhänge zwischen Lebens- und Ernährungsweise sowie physischem und psychischem Wohlbefinden kennen. Und Sie erfahren, dass Krankheiten und Altern keine unabwendbaren Schicksalsschläge sind. Insgesamt geht es um die ganzheitliche Gesundheit, die Körper, Seele und Geist als funktionelle Einheit betrachtet und aus Sicht der Naturheilkunde möglichst ohne Arzneimittel auskommt.

Gesunde Lebensweise ist keine neue Entdeckung. Wir wissen, dass frisches Gemüse gesünder ist als frittierte Pommes. Wir wissen, dass wir uns bewegen und weniger Stress haben sollen.

Aber vielen gelingt es nicht, das Wissen dauerhaft umzusetzen und erst recht nicht, alles unter eine Mütze zu kriegen. Dabei ist es gar nicht schwer – nur gewusst wie. Etwas Hintergrundwissen erspare ich Ihnen nicht. Sie werden keinen Büffel erlegen, wenn Sie nicht wissen, weshalb Sie dies tun sollten. Wer einen Ratgeber nach dem Motto «Gummibärchen – weniger Fett» wünscht, hält das verkehrte Buch in Händen.

Gemeinsam backen wir gesunde Lebensweise wie Papageienrührei – schön bunt! Alles rein, vermengen und fertig ist das Chaos. Eine Gliederung nach Kapiteln werden Sie vergeblich suchen, denn die Zutaten sollten gleichmäßig dosiert werden.

Die Zutaten sind Bewegung, Entspannung und Glück, sowie Ernährung.

Bewegung ist die wertvollste Zutat, weil sie bedeutender als Ernährung ist! Bewegung ist so wichtig, dass damit Ernährungsfehler zumindest etwas ausgeglichen werden können. Niemand wird gesünder (und schon gar nicht agiler), wenn auf Bewegung verzichtet wird.

So lange unser Seelenleben nicht stimmt, verfehlt gesunde Ernährung ihren Zweck. Leiden wir unter chronischem Stress oder sind dauernd unglücklich, ebnen wir allen möglichen Krankheiten den Weg, von uns Besitz zu ergreifen. Von allen Menschen, die aufgrund körperlicher Beschwerden einen Arzt aufsuchen, ist bei 75% Stress oder Kummer die Ursache des Übels. Bewegung hilft, denn sie sorgt für gute Laune und schützt vor Stress und Depressionen. Durch Bewegung treffen wir immer auf *Entspannung und Glück*.

Ernährung ist das Salz auf dem Ei. Die Zeiten haben sich geändert: Früher waren Lebensmittel zum Überleben nötig, heute sollten wir darüber nachdenken, wie wir trotz Nahrungsüberfluss überleben.

Ohne Kalorien zählen, ohne Diäten mit den Namen *low, high* oder *no* kann Essen zum Genuss werden und uns Kraft, gute Laune und Gesundheit geben.

Zwischendurch begegnen Ihnen Multitalente mit ungeahnten Fähigkeiten.

Aber ich möchte Sie auch warnen: Ich gehe nicht immer sanftmütig vor und serviere Ihnen nichts hübsch verpackt auf einem goldenen Tablett. Ich nenne das Kind beim Namen. Ich habe nichts davon, Ihnen Märchen zu erzählen und Sie haben nichts von Schneeweißchen und Rosenrot. Dies soll aber niemals bezwecken, dass Sie Panikattacken bekommen und sich zum Probeliegen beim Bestatter einfinden. Sie erfahren nur die Wirkungen von *gut* und die Folgen von *böse*. Dabei verniedliche ich nicht, dass Veränderungen oft nicht einfach sind und Disziplin brauchen. Aber keine Angst: Vor Ihnen liegt kein großer, unbestellter Acker.

Auch predige ich keine Religion und sage Ihnen nicht, was Sie tun oder lassen sollten. Jeder darf selbst entscheiden, ob er sich Gesundheit anziehen möchte. Sie beurteilen selbst, was Sie wollen, dürfen und können. Die Wahl haben *Sie*.

Ein wichtiger Hinweis an dieser Stelle: Wenn Sie etwas ändern, machen Sie es langsam. Ihr Organismus hat sich an Ihren Ernährungsstil gewöhnt und verträgt nicht sofort einen ganzen Pandabären auf Bambussalat.

Ihr persönliches Ziel kenne ich nicht. Wir Menschen sind verschieden und jeder hat andere Bedürfnisse oder Probleme. Es dürfen sich alle angesprochen fühlen, die wissen möchten, wie eine gesunde Lebensweise wirklich funktioniert und die (wie ich einst) von den ganzen Widersprüchen und Diätempfehlungen irritiert sind - gleich welchen Alters oder Geschlechts, ob gesund, krank oder übergewichtig.

Betrachten Sie dieses Buch nicht als Einzelberatung, denn es gibt nicht nur den einen Königsweg. Was für den einen gut ist, kann für den anderen schlecht und unverträglich sein. Jeder ist individuell und möge die Anregungen dieses Buches auf seine natürlichen Bedürfnisse abstimmen.

Es bringt nichts, wenn Sie das Buch lesen und mit dem Kopf nicken. Viele Sachbuchautoren weisen darauf hin, dass man ihr Buch nicht überfliegen sollte, Kapitel mehrfach liest und sobald man am Ende angekommen ist, wieder von vorne anfängt. Das Gelesene soll sich schließlich in das Langzeitgedächtnis einprägen, denn die Anregungen möchte man ja anwenden. Da hilft es kaum, wenn am Ende des Buches die Inhalte vom Anfang bereits wieder vergessen wurden. Dem stimme ich aus Eigenerfahrung voll und ganz zu – ohne von mir auf andere schließen zu wollen. Ich zähle jedenfalls nicht zur Gattung der Superhirne.

Sie brauchen das Buch nicht zweimal lesen (Sie dürfen natürlich). Arbeiten Sie mit Lesezeichen, Textmarkern, Notizbüchern oder Karteikarten – was Ihnen am liebsten ist. Ich plädiere für Karteikarten, denn was man einmal selbst geschrieben hat, behält man besser. Nutzen Sie die Verbindung zwischen Gehirn und Hand. Sie können sich die Karteikarten auf den Tisch legen und gleich morgens zur Erinnerung ansehen. Mit vagen Vorstellungen nur im Kopf scheitern Sie. Wählen Sie selbst, was für Sie und Ihre Gesundheit gut ist und wägen dabei sorgfältig ab, was und wieviel Sie in Ihren Alltag integrieren können. Es ist kein Problem, mit wenig zu beginnen. Sie sollten sicher sein, Ihre Auswahl konsequent bewältigen zu können.

Die Empfehlung des Schreibens von Karteikarten hat einen tieferen Sinn, den Sie jedoch erst am Ende erfahren.

Springen Sie nicht hin und her (jedenfalls nicht im Text), denn ich führe Sie mit augenscheinlichem Chaos zum Ziel. Offene Fragen klären sich im Verlauf des Buches. Hoffe ich. So jedenfalls mein Ansinnen.

Wie ich überhaupt dazu komme, dieses Buch zu schreiben, werden Sie auch erfahren. Sie beurteilen dann selbst, ob Sie ausgerechnet mir glauben wollen oder auch nicht. Glauben ist zwar gut, doch ausprobieren ist besser, denn nur so merken Sie, ob meine Ratschläge auch bei Ihnen wirken.

Aber das mache ich so zwischendrin mal – jetzt beginne ich erstmal mit wichtigeren Dingen.

„Man muss wissen, dass es für den Menschen nicht leicht ist,
sich einen Grundsatz eigen zu machen,
wenn er nicht Tag für Tag dasselbe spricht und hört
und zugleich dementsprechend handelt."
Epiktet
(griechischer Philosoph um 50 bis 138 n. Chr.)

Darf man Ärzten glauben?

Bei einer Vorsorgeuntersuchung riet mir die Frauenärztin: „Trinken Sie viel Milch und essen Sie viel Käse. Da ist Calcium drin, das Sie vor Osteoporose (Knochenschwund) schützt. Dann brechen Ihre Knochen nicht so schnell, wenn Sie fallen." Ich wusste gar nicht, was die Ärztin zu dieser Aussage veranlasste - Osteoporose war überhaupt nicht das Thema. Heute ist mir bekannt, dass Frauen in den Wechseljahren einem größeren Osteoporoserisiko ausgesetzt sind. Aber egal, ich fand den Ratschlag gut gemeint und hielt mich daran. Eine Ärztin muss es ja wissen. Sie hatte auch recht: Milchprodukte enthalten viel Calcium und Knochen brauchen den Mineralstoff. Das ist aber auch das Einzige. Man kann der Frauenärztin noch nicht einmal ihre Unwissenheit verdenken, denn selbst die Deutsche Gesellschaft für Ernährung (DGE) und die Verbraucherzentrale propagieren bis heute noch für Milch als Schutz vor Osteoporose. Was daran falsch ist, werden Sie noch erfahren.

Schulmedizin und Naturheilkunde können eine perfekte Ehe führen, sich aber ebenso vor dem Scheidungsrichter treffen. Nicht jeder Arzt kennt unseren Organismus mit seinen vielen Zahnrädern, die wie ein Uhrwerk ineinandergreifen, damit alles funktioniert. Ein Chirurg erkundigt sich ganz sicher nicht nach unserer Zahngesundheit und der Zahnarzt fragt wohl kaum nach der Prostata.

Ärzte haben sich auf ihre Gebiete spezialisiert. Das ist gut so, aber die funktionelle Einheit unseres Körpers wird oft künstlich zerstückelt. Es gibt auch ganzheitliche Mediziner, die über den Tellerrand hinaus schauen, doch die sind rar gesät.

Ich verurteile keine Ärzte oder Fachmediziner, auch wenn es sich vielleicht so lesen mag. Mediziner müssen sein, sind auf ihrem Gebiet Koryphäen und es geht nicht ohne sie. Dennoch gehe ich darauf ein, dass Medizinern die ganzheitliche Sichtweise häufig fehlt. Ich nenne sie gerne «Schulmediziner mit Scheuklappen» – sie schauen nicht nach oben oder unten und nicht nach rechts oder links. Das ist auch gar nicht zu beanstanden, denn es liegt an der Art der Ausbildung. Mediziner haben grundsätzlich (bis auf wenige Ausnahmen) nur Medizin studiert, aber nicht die ganzheitliche Gesundheit und erst recht nicht die Naturheilkunde. Außerdem sind sie an Leitlinien gebunden und tun gut daran, sich an diese zu halten. Würden Sie davon abweichen und dem Patienten geht es daraufhin schlechter, könnten sie arge Probleme bekommen. Ich glaube nicht, dass es in den Leitlinien der Frauenärztin stand, Milchprodukte als Schutz gegen Osteoporose zu empfehlen.

Das Alpha und das Omega

Das Alpha, umgangssprachlich das Größte oder Beste, ist Bewegung. In Kuschellaune auf der Couch gesund zu essen, können wir vergessen und alles beim Alten lassen. Unser Körper braucht Bewegung, genauso wie er Sauerstoff, Lebensmittel und Flüssigkeit braucht. Bewegung ermöglicht erst die ordnungsgemäße Funktion des menschlichen Organismus. Bewegung und Sport stärken Herz, Lunge, Knochen, Gelenke, Muskeln und das Immunsystem. Bewegung ist eine Glücksdroge, weil Glückshormone automatisch ausgeschüttet werden.

Gemeinsam mit nur ein paar Veränderungen in unserer Ernährung können wir erreichen, dass wir gesund und im Alter lange selbstständig bleiben und nicht auf fremde Hilfe angewiesen sind. Unser Körper wird vitaler, beweglicher und frei von Erschöpfungszuständen.

Wichtig ist, dass Sie eine Bewegungs- oder Sportart finden, die Ihnen Spaß macht. Mit Widerwillen oder Überwindung entwickeln Sie kein Durchhaltungsvermögen.

Werfen Sie das Buch nicht gleich in den Müll, wenn Sie ein Bewegungsmuffel sind. Ich zeige Ihnen Wege, die jeder gehen kann - egal ob Sie lustlos, Stubenhocker, krank oder alt sind. Die Ausrede «Zeitmangel» zählt ebenfalls nicht. Zu behaupten, keine Zeit zu haben, heißt nicht wollen! Und wenn Sie jetzt nicht wollen, werden Sie nicht mehr können, wenn Sie wollen! Dann kann es sein, dass Sie früher als gewollt durch den symbolischen Torbogen des Omega ins jenseitige Reich treten.

Ich werde noch auf dieses Thema zurückkommen. Nun aber können Sie Ihren ersten Bewegungsablauf in Ihren Tag integrieren, ganz ohne zusätzlichen Zeitaufwand – und zwar beim nächsten Zähneputzen:

Die Venenpumpe

Sie putzen doch jeden Tag Zähne, oder etwa nicht? Okay, Gebissträger ausgenommen. Was machen Sie dabei, außer Zähneputzen? Wahrscheinlich nichts!

Nutzen Sie die Zeit und kippeln Sie während dessen mit den Füßen: von den Zehen auf die Ferse und wieder zurück.

Sie aktivieren damit den Rückfluss des sauerstoffarmen Blutes zum Herzen. Morgens regt das schön den Kreislauf an. Die Muskelarbeit verbessert den Pump-Saug-Mechanismus, welches Krampfadern vorbeugt. Die Venenpumpe hilft bei dicken Füßen und beugt Ödemen (Wassereinlagerungen) sowie Thrombosen (Blutgerinnsel) vor.

Aber Achtung: Menschen mit einer Thrombose dürfen die Venenpumpe keinesfalls ausführen! Das Blutgerinnsel kann sich lösen, abwandern, an Engstellen im Venensystem hängen bleiben und die Vene verstopfen. Es käme zur Embolie (akuter Gefäßverschluss).

Befestigen Sie einen Klebezettel mit dem Hinweis «Venenpumpe» am Ort des Zähneputzens, damit Sie das Kippeln nicht vergessen. Nach einer gewissen Zeit wird das Kippeln genauso selbstverständlich wie das Zähneputzen selbst. Sie können natürlich überall immer mal kippeln, zum Beispiel vor einem Schaufenster oder vor einer roten Fußgängerampel. Wer viel sitzt, kann mal aufstehen und kippelnd aus dem Fenster schauen. Die Augen freuen sich über einen kurzen Weitblick und unserem Gemüt bekommt es auch gut.

Womit wir direkt zur nächsten wichtigen Zutat übergehen:

Stress verstehen

Um entspannt und glücklich leben zu können, sollten wir Stress verstehen. Wir alle kennen die Geschichten vom Säbelzahntiger, dem unsere Vorfahren auf der Jagd begegneten. Das Stresshormon Adrenalin wurde ausgeschüttet, um sofort kampf- und fluchtbereit zu sein. Auch wenn wir heute gar nicht mehr vor dem Säbelzahntiger flüchten müssen, bewirken plötzliche Gemütsbewegungen dasselbe. Blutdruck, Herzfrequenz und Blutzuckerspiegel steigen, die Bronchen weiten sich für bessere Sauerstoffzufuhr, Fettreserven werden für schnelle Energie abgebaut und die Pupillen können sich weiten, um besser sehen zu können. Ist die Aufregung vorüber, wird das Adrenalin durch Cortisol wieder abgebaut. Cortisol ist körpereigenes Cortison und schützt uns vor Entzündungen, die Belastungen auslösen können. Zusätzlich werden auch noch Glückshormone ausgeschüttet, damit es uns wieder richtig gut geht, sobald der Säbelzahntiger weg oder erlegt ist.

Das ist Stress, der gut und nicht schädlich ist. Jede Belastung, ob körperlicher oder seelischer Natur, soll uns auf diese Weise lehren, mit Stress aller Art umzugehen, indem wir auf negative Zustände reagieren und sie ändern können. Leider funktioniert dieser ausgeklügelte Mechanismus bei vielen Menschen nicht mehr. Wir geraten von einer Stressfalle in die Nächste, Adrenalin wird nicht mehr ausreichend abgebaut und kann unsere Gesundheit schädigen. Glückshormone verkrümeln sich. Dann haben wir den Salat: Stress wird chronisch, schädlich und wir unglücklich.

Dass wir zu viel unter Strom stehen, ist zweifellos dem Wandel in ein Turboleben geschuldet. Überforderung im Beruf durch immer mehr Personaleinsparungen, Mobbing, Doppelbelastung, Beziehungsprobleme, finanzielle Sorgen und natürlich auch Krankheiten - um nur einige zu nennen.

Wir können nicht mehr damit umgehen – nicht nur, weil alles zu viel wird, sondern weil wir uns den Wamps mit leeren Kalorien ohne Nähr- und Vitalstoffe, dafür mit gesundheitsschädigenden Zusatzstoffen vollfressen. Unser Organismus verhungert mit vollgeschlagenem Bauch und unser Körper wird zu einem Chemielabor. Das schwächt ihn und macht krank. Stressfaktoren haben leichtes Spiel und verschlimmern die Situation. Sie greifen uns an und zerstören unser gesundes Gleichgewicht.

Der Körper reagiert mit Stresssymptomen wie Rückenschmerzen, Übergewicht, Allergien, Entzündungen, Verdauungsproblemen, Magenschmerzen, geschwächtes Immunsystem, Schlafstörungen, Kopfschmerzen, Nervosität und vieles mehr. Gesundheitliche Defizite stehlen sich klammheimlich in den Körper hinein, die wir so schnell gar nicht bemerken und wenn wir sie endlich bemerkt haben, bringen wir sie nicht mit schlechter Ernährung in Verbindung. Ein Teufelskreislauf? Nein! Ein Kreislauf hat keinen Anfang und kein Ende. Sie aber haben aber die Möglichkeit, das Problem an der Wurzel zu packen: *Essen Sie sich stressresistent!* Geben Sie Ihrem Körper, Ihrem Geist und Ihrer Seele die Chance, mit Stress umzugehen, so wie es unsere Vorfahren taten. Denn die Gene des Neandertalers tragen wir auch heute noch in uns.

> Betrachten Sie Körper und Seele immer als Verbündete,
> die sich gegenseitig krank machen,
> sich aber auch gegenseitig heilen können.

Lebensmittel kontra Nahrungsmittel

Ratschläge wie «Essen Sie frisch» sind nichts Neues. Ich gehe trotzdem darauf ein und lasse mich zum Unterschied zwischen Nahrungsmitteln und Lebensmitteln aus.

Die Regel für eine gesunde Ernährung war mal, dass man isst, was es in der Heimat zu essen gibt. Man aß, was angebaut und an Vieh gehalten wurde oder man jagte, fischte und bediente sich aus der Natur. Heute bedienen wir uns aus dem Angebot der Supermärkte.

Wenige Regionen auf der Erde sind noch frei von industriell verarbeiteten Nahrungsmitteln. Man nennt sie *blaue Zonen,* in denen die Einwohner gesund sehr alt werden. Die Inseln Okinawa in Japan und Sardinien in Italien zum Beispiel sind berühmt für ihre hohe Zahl an gesunden 100-jährigen. Menschen in den blauen Zonen bewegen sich regelmäßig und leben einen entspannten Lebensstil.

Ess- und Lebensgewohnheiten sind stärker als Erbanlagen! Sich mit Genen rausreden zu wollen, ist nicht nur bequem, sondern auch eine Selbstlüge. Mal gerade 25% der Gesundheit kann den Erbanlagen zugeschrieben werden.

Uns werden Nahrungsmittel in Hülle und Fülle angeboten. Produkte, die unseren Organismus mit künstlichen und damit artfremden Substanzen belasten und keine Vitalstoffe enthalten. Trotzdem greifen wir freudig zu, denn diese Produkte sehen gut aus, riechen gut, sind lange haltbar, schnell zubereitet und günstig. Doch wie mögen diese Waren wohl ohne die vielen Zusatzstoffe aussehen, riechen und schmecken?

Sorgfalt ist bei der Herstellung von Fertignahrung ein Fremdwort. Denken Sie nicht, die Zutatenliste auf der Packung ist vollständig. Es muss nicht alles aufgeführt werden. Deshalb ahnen wir noch nicht mal ansatzweise, was alles drin sein kann - wie zum Beispiel Mittel, die auch in Seifen, Waschmittel, Parfüms, Klebstoff und Nagellackentferner zu finden sind oder Butyraldehyd, das aus Butangas gewonnen wird. Guten Appetit!

Bei dem Verzehr von Fleisch, Eiern und Milch aus Massentierhaltungen bekommen wir Antibiotika, Medikamente und gentechnisch veränderte Ware gratis dazu. Millionen Tiere werden nicht nur zusammen gepfercht, sie werden mit Hilfe von Medikamenten und artfremden Importfutter aus Gen-Technik schnellstmöglich zur Schlachtreife gebracht und zu Höchstleistungen in Bezug auf die Eier- und Milchproduktion gezwungen. Dem ist aber die Tiergesundheit nicht gewachsen. Also werden Medikamente, auch Antibiotika und synthetische Nahrungsergänzungsmittel verabreicht. Medikamente und artfremde Ernährung verändern die Qualität des Fleisches, der Eier und der Milch. Das Gleichgewicht der Nährstoffe gerät aus den Fugen und hat für uns nur gesundheitliche Nachteile.

Nur ein Tier, das artgerecht gehalten und gefüttert wird oder weiden darf, ist gesund und liefert gesundes Fleisch.

Die heutige moderne Landwirtschaft liefert uns Obst und Gemüse mit Pestiziden und Herbiziden. Saaten werden mit Beizmitteln vergiftet und sind trotz Verbot für einige Saaten und in Gewächshäusern immer noch erlaubt. Kunstdünger sorgt für nährstoffarme Böden und damit für Gewächse, die weniger Vitalstoffe aufnehmen. Umweltverschmutzung, saurer Regen, lange Transportwege und Lagerung, aber auch die Zubereitung zu Hause unter Verwendung von Hitze erledigen den Rest.

Raffiniertes und industriell verarbeitetes Essen, Tiererzeugnisse aus Massentierhaltungen sowie Obst und Gemüse aus konventionellem Anbau sind Nahrungsmittel. Bei regelmäßigem und dauerhaftem Verzehr werden diese zu Sterbemitteln.

Damit hat unsere Industrie das Unglaubliche vollbracht,

dass wir unsere Gesundheit gegen Krankheit tauschen!

Die gute Nachricht: Unser Organismus hat einen gigantischen Lebenserhaltungs- und Regenerierungstrieb. Schon einige wenige Änderungen schützen uns vor Krankheiten und können unsere Lebenserwartung deutlich erhöhen. Ganz zu schweigen vom Erreichen oder Halten unseres Normalgewichts.

Alles in unserem Körper möchte leben und reagiert daher auf alles für ihn Gute positiv und schnell. Regeneration und Reparaturarbeiten haben bei unserem inneren Volk, den Zellen, höchste Priorität. Kommt aber dauerhaft nichts Gutes an, altern wir, werden leistungsunfähig und krank.

*Lebens*mittel übertragen ihre Lebensenergie auf den Menschen: lebendige Kost! Es sind Produkte, die nahezu unverarbeitet in den Handel gelangen. Fleisch- und Milchprodukte stammen von Tieren aus Weidehaltung.

Vom Nutzen eines Häckslers

Keine Sorge – ich drehe Ihnen kein Gartengerät an. Wir alle sind mit einem Häcksler ausgestattet: Mund und Zähne. Den Mund benutzen wir – wie sonst sollten wir unserem Körper Nahrung zuführen? Mit Zähnen wurden wir ausgestattet, damit auch Zahnärzte überleben, oder?

Meine Mutter pflegte zu sagen: „Kau durch, Kind!" Da ich (meistens) einigermaßen folgsam war, kaute und kaute ich, bis ich mich auf einem Stück Fleisch festgekaut hatte und diesen faserigen Kometen schließlich ausspuckte. So war das sicher nicht gedacht.

Kauen ist für uns die einzige willkürliche Beteiligung an der Verdauungsarbeit. Sie kennen den Spruch «gut gekaut ist halb verdaut». Unser Mund und die Zähne fungieren als Häcksler. Wenn wir nicht schmatzen, sogar als Leisehäcksler. Nach dem Schlucken können wir weitere Aktivitäten erst wieder beeinflussen, wenn der Darm sein fertiges Produkt präsentieren möchte.

Vielleicht kennen einige noch die Ermahnung der Oma: Kaue 32mal! Warum gerade 32mal? Wir haben schließlich 32 Zähne. Das wusste nicht nur Oma, sondern auch William Gladstone (1809 – 1898). Der Herr hat durch das 32malige Kauen jeden Bissens ja ein schönes Alter erreicht. Ich habe nicht recherchiert, ob er seine Gesundheit noch auf andere Weise unterstützt hat. Gladstone war nur Politiker.

Bereits in früheren Zeiten beschäftigten sich einige mit ausgiebigen Kauvorgängen, so zum Beispiel auch Horace Fletcher (1849 – 1919). Fletcher gab keine Zahl des Kauvorganges vor. Er riet ganz übertrieben, dass man Essen erst schlucken soll, wenn es sich durch den Kauvorgang verflüssigt hat. Was sich durch Kauen nicht verflüssigte, sollte ausgespuckt werden (war wohl doch richtig mit meinem festgekautem Stück Fleisch). Fletcher entwickelte diese Methode, um seiner Fettleibigkeit und seinen Gesundheitsproblemen entgegen zu wirken.

Mit Erfolg: In nur vier Monaten nahm er 25 kg ab. Er gewann an Kraft, wurde leistungsfähig und schmerzfrei. Er verbreitete sein Wissen und hatte viele Anhänger, darunter auch Persönlichkeiten wie Mark Twain. Die Methode Fletchers wurde fast zur Religion und man sprach vom «Fletcherismus». Es war sogar im Gespräch, übergründliches Kauen als Pflichtfach in den Schulen einzuführen. In der heutigen Zeit würde das sicher nicht schaden. Fletcher hätte vielleicht ein biblisches Alter erreicht, wäre er nicht im Alter von 69 Jahren an der spanischen Grippe verstorben.

Ich will hier nicht alle aufzählen, die sich schon früher mit dem Kauen beschäftigt haben - das war jetzt nur mal wegen Oma. Es gab Zeiten der dürftig gefüllten Teller und man genoss das Wenige, was darauf kam. Also hielt sich die ältere Generation an ausgiebiges Kauen, wohl wissend, dass dann auch wenig sättigt. In der heutigen Zeit ist dies verloren gegangen. Nur Eines der Verluste einer gesunden Esskultur!

Im jetzigen meist stressigem Leben wird Essen schnell mal zwischendurch verschlungen. Dabei wird gelesen, gearbeitet, Auto gefahren oder gelaufen. Die Schnelllebigkeit unserer Zeit wird uns sogar in Filmen vorgeführt: Mann oder Frau springt vom Frühstückstisch auf (sofern sich überhaupt hingesetzt wurde), noch schnell ein hastiger Schluck Kaffee im Stehen und weg! Ein Abschiedsküsschen wird meist ganz vergessen, weil man in Gedanken schon am Schreibtisch oder sonst wo sitzt. Der Teenager greift zu einer Laugenstange und eilt ebenfalls von dannen. Was Oma wohl dazu gesagt hätte?

Auf einen guten Kauvorgang achtet kaum jemand. Abbeißen, dreimal zermalmen und ab damit in die Tiefen und Schlingen des Verdauungsapparates. Durch die Speiseröhre im Magen angekommen, nimmt dieser hurtig seine Arbeit auf als ginge es um eine olympische Meisterschaft. Er knetet und rührt, schaukelt die Brocken hin und her, von einer Magenwand an die andere und wieder zurück. Er mixt die Masse mit einem Cocktail aus Salzsäure, Schleim und Verdauungsenzymen. Denn der Magen muss jetzt die Arbeit erledigen, die der Mund nicht getan hat. Die Brocken müssen so zerkleinert werden, dass der Magenpförtner sie durch seine Tür in den Dünndarm entlässt. Und der lässt längst nicht alles in den Darmtrakt eintreten. Er entscheidet nach Größe und Beschaffenheit.

Im Magen verbleibt die Nahrung durch unzureichendes Kauen unnötig lange. Je nach Art des Essens wälzt und schaukelt der Magen damit durchaus bis zu zwei Stunden oder mehr herum. Fleisch kann bis zu zehn Stunden geschaukelt werden, wenn es schlecht gekaut wurde. Inzwischen werden wir schon wieder hungrig und liefern Schaukelnahrung nach. Der Magen schaukelt weiter und dehnt sich dabei für die Brocken, die durch die Speiseröhre angerutscht kommen. Das Hungergefühl kommt schneller und nötigt uns zum Verspeisen immer größerer Portionen. Kein besonders guter Deal, wenn wir abnehmen möchten.

Das Geschuppse und Geschaukele ist anstrengend und kostet dem Organismus Energie. Deswegen sind wir nach dem Essen oft müde. Die Magenwände schaukeln normalerweise nicht gemächlich. Wenn Sie Ihr Essen bisher herunter geschlungen und zu oft zu viel gegessen haben, schaukelt der Magen nur noch wie im Trance. Sie haben ihn müde gegessen und er ist zu faul, auch noch sein Sättigungssignal an das Gehirn zu senden.

Der Dünndarm ist auch nicht der Dümmste und weiß bereits, dass bald Nahrung angeflogen kommt, sobald der Magen anfängt zu schaukeln. Also muss der auch schon mal handeln und Platz schaffen. Noch mehr Energie, die für unser Wohlbefinden fehlt.

Aber ich habe vorgegriffen, denn – wie gesagt - die Verdauung beginnt bereits im Mund. Durch Kauen werden Speichelenzyme freigesetzt, die vorrangig der Verdauung von Kohlenhydraten dienen. Die Formel ist einfach: je öfter kauen, desto mehr Enzyme.

Sie kennen alle die süßen kleinen, und doch gruselig ausschauenden Kinder, die an Halloween an Ihrer Tür klingeln: „Wir sind die kleinen Geister und essen gerne Kleister und wenn Sie uns nichts geben, dann bleiben wir hier kleben." Kleben bleiben Süßigkeiten, Nudeln, Pommes, Chips usw. Aus allen stärkehaltigen Nahrungsmitteln entsteht im Magen tatsächlich Kleister, wenn nicht schon mit der Verdauung im Mund begonnen wurde. Und Kleister klebt nun mal und kann sich nicht lösen. Erst recht nicht im Magen.

Haben Sie Lust auf ein Experiment? Kauen Sie eine Mandel oder eine andere Nuss ganz normal nach Ihrer Kaugewohnheit. Dabei zählen Sie bitte die Kaubewegung. Ich schätze, bis zum Schlucken haben Sie durchschnittlich 15 – 20mal gekaut. Danach kauen Sie noch eine Mandel - jetzt 50mal. Allergiker nehmen ein Stück Möhre.

Haben Sie den Unterschied bemerkt? Nach 50mal kauen ist von der Mandel im Mund fast nichts mehr übrig. Sie wurde durch die Speichelenzyme fast verdaut. Noch besser: Die enthaltenen Nährstoffe wurden auf diesem Weg über die Mundschleimhaut aufgenommen und sind so direkt in die Blutbahn gelangt, ohne den weiten Weg durch den Verdauungsapparat zu gehen. Magen und Darm wurden deutlich entlastet.

Machen Sie ein weiteres Experiment mit einem Stück altbackenem Brot und kauen dieses 30mal. Das Brot schmeckt mit einmal süßlich (kein Rosinenbrot nehmen – das schmeckt gleich süßlich). Das haben die Enzyme vollbracht, die bei ausgiebigem Kauvorgang Kohlenhydrate bereits im Mund aufspalten und in Glukose (Einfachzucker) umwandeln.

Nun will ich Ihnen nicht erzählen, Sie sollten jeden Bissen 30 oder 50mal kauen. Das funktioniert vor allem mit Suppe, Kartoffelbrei oder

Spagetti nicht so gut. Aber auch bei derartigen Speisen ist eine etwas längere Verweildauer im Mund nicht nur ratsam, sondern angebracht. Auch flüssige Speisen und Getränke sollten durch den Speichel für den Verdauungsvorgang aufbereitet werden.

Übrigens...
...wussten Sie, dass kauen Gehirnjogging ist?
Kauen regt die Durchblutung des Oberstübchens an.
Dadurch funktioniert der Denkapparat besser ☺

Schweigen ist Gold – erst recht beim Essen

Wir kennen nicht mehr die Zeiten ohne all die elektrischen Hilfsmittel, die Zeiten des alten Waschbrettes und mit Fußtrittnähmaschine, eigenem Kartoffel- und Gemüsegarten und das damit verbundene Pflegen, Ernten und Einkochen. Ich will nicht darüber philosophieren, ob diese Zeiten besser waren. Ich will Ihnen nur deutlich machen, dass auch der Tag unserer Ahnen nur 24 Stunden hatte. Oma und Opa wussten aber anders damit umzugehen. Sie wussten, wie wichtig auch Eigenzeit und Entspannung ist. Und dieses integrierten Sie in ihren Alltag. Diese Fähigkeit ist uns verloren gegangen.

Warum nutzen wir nicht einfach die Zeit des ausgiebigen Kauens für uns? Sie meinen, Sie haben gar keine Zeit, Ihr Essen so lange zu kauen? Doch, das haben Sie! Ausgiebiges Kauen dauert gar nicht länger! Unser normales Essverhalten gestaltet sich doch derart, dass wir Essen nachschieben, auch wenn der Mund noch gar nicht leer ist. Wenn wir die Nahrung lange kauen und erst nach dem Schlucken den Mund wieder füllen, werden wir schneller satt. Wir essen also weniger, was ja ein äußerst positiver Effekt ist, wenn wir abnehmen oder auch nur unser Gewicht halten wollen. Und bei kleineren Mahlzeiten brauchen wir auch nicht mehr Zeit. Man sagt ohnehin, dass zwei Drittel unseres Essvolumens überflüssig ist.

Essen sollten wir bewusst zu uns nehmen und dabei nichts anderes tun, als eben zu essen. Nicht reden, nicht lesen, keine E-Mails beantworten, nicht fernsehen und auch nicht denken. Wir wollen das Essen genießen, wir wollen den Geschmack schmecken, vielleicht auch mal die Augen schließen. Essen kann Eigenzeit für jeden von uns sein – ein Moment der Entschleunigung und der Entspannung. Nach dem Essen können Sie die Rappelkiste wieder anschalten und Ihrem Tatendrang voll und ganz frönen. Sie werden feststellen, dass Sie wesentlich leistungsfähiger sind.

Das ist dann nicht nur der kleinen Auszeit zu verdanken, sondern auch der Energieeinsparung bei der Verdauung, wenn Sie gut gekaut haben. Und wenn's wirklich zeitlich mal eng sein sollte: Gut kauen geht auch schnell und im Oberstübchen wird dann flotter gejoggt.

Essen Sie trocken

Trinken Sie zum Essen? Gewöhnen Sie es sich ab! Trinken Sie *zwischen* den Mahlzeiten. In der Mundhöhle, im Magen, in der Bauchspeicheldrüse und im Darm setzen sich beim Essen Verdauungsenzyme frei. Durch Flüssigkeit verdünnt, können diese ihre Arbeit nicht mehr ordnungsgemäß verrichten. Die Last bleibt wieder vermehrt an den Verdauungsorganen hängen. Der Magen ist besonders gestraft. Er schaukelt ja nicht nur mit den Nahrungsbrocken herum, sondern setzt auch Magensäure ein. Der Magen ist so konstruiert, dass Flüssigkeiten an der Nahrung vorbei rauschen und direkten Kurs auf den Magenpförtner nehmen. Der pingelige Wächter prüft auch Flüssigkeiten auf deren Beschaffenheit. Erregt das feuchte Nass seinen Missmut, verweigert er den Eintritt in den Darmtrakt. Nur wohltemperierte Flüssigkeiten und solche ohne Blubber (Kohlensäure) dürfen den Magen sofort verlassen. Meistens wird aber Blubberflüssigkeit getrunken, die auch noch zu kalt ist.

Die Flüssigkeit muss jedoch irgendwo abbleiben und das ist dann leider im Magen, wo sie der Magensäure beigemischt wird und diese harmloser macht. Die Verdauung dauert noch länger, zumal sich zu allem Überfluss auch noch das Volumen der Nahrung durch die Flüssigkeit vergrößert.

Das Feuer in der Speiseröhre löschen

Wenn es in der Speiseröhre brennt, dann sprechen wir von Sodbrennen (Reflux). Am Mageneingang befindet sich ein Schließmuskel, der die Salzsäure aus der Speiseröhre fern halten soll. Störfaktoren in Nahrungsmitteln oder Flüssigkeiten können die Funktion beeinträchtigten. Dann gelangt Salzsäure in die Speiseröhre, wo sie absolut nichts verloren hat und nur Schaden anrichtet. Tatsächlich ist die Magensäure derart aggressiv, dass sie den Magen verdauen könnte, wäre da nicht die schützende Magenschleimhaut. Diese haben wir aber nicht in der Speiseröhre. Die Schleimhaut der Speiseröhre ist den Verätzungen durch Salzsäure nicht gewachsen. Sodbrennen ist nicht nur unangenehm. Bei dauerhaften Verätzungen können schwere Folgeerkrankungen entstehen, insbesondere Krebs.

Welche Nahrungsmittel den Schließmuskel außer Funktion setzen, ist von Mensch zu Mensch verschieden. Bei dem einen ist es Kaffee, bei dem anderen ein Stück Sahnetorte. Die Ursache heraus zu finden, ist nicht ganz einfach. Deswegen spazieren Betroffene meistens zum Arzt, welcher häufig auf eine Überproduktion von Magensäure diagnostiziert. Und – schwupps - landen Säureblocker (Protonenpumpenhemmer/PPI) oder Antazida im Medikamentenschrank und vor allem im Schlund. Antazida neutralisieren die Magensäure, während Säureblocker – wie der Name schon sagt - die Bildung von Salzsäure blockieren. Beides ist keine gute Lösung, da die Salzsäure natürlich einen Sinn hat. Sie soll helfen, die Nahrung im Magen zu zerkleinern und die mit der Nahrung eingedrungenen Bakterien und Krankheitserreger eliminieren.

Es kann aber auch sein, dass Sodbrennen durch einen Magensäuremangel entsteht. Das hat häufig niemand auf dem Schirm – auch Ärzte nicht. Und dann ist es ganz fatal, wenn auch noch Säureblocker geschluckt werden. Da geht vielleicht die Post ab. Dass der Magen bewegungsfreudig ist, wissen wir ja bereits. Was meinen Sie, wie der ausflippt, wenn er die Nahrung nur durch Bewegung verarbeiten muss, ohne Hilfe der Salzsäure? Wären wir mit einem Propeller ausgestattet, würde die Magenbewegung als Antrieb ausreichen, um abzuheben.

Trotzdem muss der Inhalt irgendwie verdaut werden. Obwohl der Magen schneller schaukelt, dauert die Prozedur länger. Die Nahrung bleibt zu lange im Magen und fängt an zu gären. An dieser Stelle erinnere ich an die kleinen, Kleister essenden Geister. Der gegorene Kleister reizt die Magenschleimhaut und greift sie an. Die Verzweiflung des Magens nimmt zu und mit der vergorenen Nahrung wird noch mehr herum geschleudert. Der Magen will den verklebten Gärkram loswerden und hat nur die Wahl, Teile in die Speiseröhre zu befördern. Denn am anderen Ende wacht ja der pingelige Pförtner. Auch das brennt und in dem Fall ist für das Sodbrennen ein Mangel an Magensäure verantwortlich.

Betroffene sollten also abklären, ob ein Magensäureüberschuss oder –mangel besteht, bevor Medikamente geschluckt werden. Aber müssen Medikamente überhaupt sein? Sie wissen bereits, dass ausgiebiges Kauen den Magen deutlich entlastet. Er muss also auch weniger Salzsäure produzieren, wodurch Sodbrennen gemindert oder vollständig beseitigt werden kann. Betroffene mögen dieses ausprobieren.

So löschen Sie das Feuer:

- Stellen Sie fest, nach welchen Nahrungsmitteln das Sodbrennen auftritt, um den Übeltäter zu entlarven. Führen Sie ein Ernährungs- und Beschwerdetagebuch. Das kann Ihnen Aufschluss geben. Verzichten Sie auf diese Speisen oder Getränke.

- Essen Sie öfter kleine Portionen. Große Mengen dehnen den Magen und der Schließmuskel zur Speiseröhre erschlafft wie ein ausgeleiertes Gummiband. Kauen Sie gut und genießen Sie Ihre Mahlzeit.
- Der Magen mag es nicht heiß oder kalt. Essen und trinken Sie körperwarmes. Er hasst auch ein wildes Durcheinander. Kohlenhydrate, Eiweiße und Fette alles auf einmal und dann noch eine Süßspeise obendrauf bedeutet zusätzliche Belastung. Versuchen Sie, besser zu trennen. Auf Nachspeisen verzichten Sie ganz.
- Eine Trennung der Nahrung beeinflusst die Verweildauer im Magen. Früchte auf leerem Magen halten sich nur flüchtig auf. Kohlenhydrate haben von den Makronährstoffen die kürzeste Verweildauer, sofern sie für sich allein gegessen werden. Da man aber ein Brot nicht trocken isst, sondern dieses mit Butter oder Margarine bestreicht und einen Belag darauf legt oder schmiert sowie noch ein Frühstücksei verschlingt, kommt das eher nicht vor. Schon haben wir die bunte Mischung, bestehend aus Kohlenhydraten, Fetten und Proteinen (Eiweiße) mit nur einer Scheibe Brot erreicht. Eine Alternative wäre, statt Butter Kokosfett oder vegane Streichcreme zu verwenden. Die gibt es in verschiedenen Geschmacksrichtungen. Wem das nicht reicht, möge sich Gurken-, Tomatenscheiben oder ähnliches darauf legen.
- Fette tummeln sich am längsten im Magen, wobei der übliche Fettverzehr in Form von frittierten Pommes, Speck, Mettwurst, fettem Fleisch usw. gemeint ist. Eiweiße liegen zwischen den Kohlenhydraten und Fetten.
- Übergewicht erhöht den Druck auf den Magen und sollte abgebaut werden.

- Lassen Sie durch einen Zahnarzt untersuchen, ob Sie an einer Parodontitis leiden. Parodontitis wird durch Bakterien verursacht, die im Zahnbelag leben. Es liegt auf der Hand, dass diese Bakterien durch den Kauvorgang in den Magen gelangen können und dort zu Problemen führen.
- Stärken Sie den Schließmuskel durch Atemübungen und singen.

Sofern ein *Magensäureüberschuss* diagnostiziert wurde, können Sie Mineralerde einnehmen. Mineralerde neutralisiert die Säuren und kann die Magenschleimhaut regenerieren. Insgesamt hat Mineralerde positive Wirkung auf den Verdauungsapparat, da Gifte gebunden und ausgeschieden werden.

Bei einem *Magensäuremangel* sollten Sie Lebensmittel einbinden, die eine Produktion der Magensäure fördern. Hierzu gehören beispielsweise Sauerkraut- oder Weißkohlsaft und auch Bitterstoffe (von denen erfahren Sie noch).

Wenn Sie nur ab und an unter Sodbrennen leiden, versuchen Sie es mit Natron (Natriumhydrogencarbonat). Dieses erhalten Sie für schmales Geld in jedem Supermarkt und Sie benötigen keine Wundermittel aus der Werbung. Tees mit Kamille, Kümmel, Melisse und Süßholzwurzel lindern ebenfalls die Beschwerden. Auch das Fleisch der Avocado kann helfen.

Lassen Sie die Ursachen von Magenerkrankungen auf jeden Fall ärztlich abklären. Ich bin keine Ärztin und es steht mir nicht zu, in die Medizin einzugreifen. Sofern Sie Medikation wollen oder müssen, können Sie meine Ratschläge zusätzlich anwenden. Unser Organismus wird jede positive Veränderung freudig annehmen und zur Sanierung von Schäden nutzen.

Sodbrennen ist die einzige Erkrankung, auf die ich in diesem Buch näher eingegangen bin. Ich habe mich dafür entschieden, weil es eine Zivilisationskrankheit ist, unter der sehr viele leiden und die zu oft auf die leichte Schulter genommen wird. Auf alle Krankheiten so detailliert einzugehen, würde den Rahmen des Buches sprengen. Sie werden aber dennoch Hinweise erhalten, was Krankheiten fördert und wie Sie Krankheiten vorbeugen können.

Übrigens....
bei falscher Ernährung nützt uns Medizin nichts
und bei richtiger brauchen wir keine.

Kacken und Glücksgefühle

Nach dem Magen geht's in den Darm. Ist nun mal so, auch wenn wir ungerne über diese Region nachdenken. Das verwundert wenig, denn das Endprodukt mutet nicht sonderlich schön an. Weder optisch, noch wenn es von einem Duft begleitet wird, der dampfend den Raum erfüllt. Blähungen leisten einen weiteren Beitrag, ob mit Pups oder ohne. Ohne Pups bedeutet das Zurückhalten der quälenden Gase, so dass der Bauch zu einer Schwangerschaft im achten Monat mutiert. Das geht dann auch bei Männern. Mit Pups ist es ratsam, allein zu sein. Wenn man Glück hat, ist man das gerade, sonst muss man dafür sorgen und zur Toilette oder ins Freie gehen. Oft hält die Erleichterung nicht lange an und der nächste Pups bittet um Erlaubnis, den Raum verlassen zu dürfen. Vorsicht ist auch geboten beim Lachen, Niesen oder Husten. Da kann schon mal ein Begleitgeräusch aus der unteren Etage entweichen, was so nicht vorgesehen war. Als Krönung kann sich dann auch noch ein Geruch breit machen, der einem Giftgasangriff gleicht. Das kann ganz schön peinlich werden und ein unschuldiger Gesichtsausdruck gelingt einem nicht wirklich.

Der Darm und sein Endprodukt ist nicht unbedingt ein stilistisches Schmuckstück. Eine Sachertorte kommt eben nicht als leckeres Tortenstück mit Schokoglasur und Sahnehäubchen wieder heraus. Höchstens passt die Farbe noch und die Glasur kann auch sein – das wäre dann der Schleim, in dem das Endprodukt verpackt sein sollte. Wir können aber das Beste daraus machen. Ein breiiger Haufen, der uns nötigt, eine Rolle Klopapier zu verbrauchen und die Ralleystreifen in der Toilette mit einer Klobürste zu beseitigen ist ekelhafter als eine schöne Wurst von fester, aber nicht zu fester Beschaffenheit. Soll ja nicht wehtun und zu dolle anstrengen, denn dann könnten wir bemerken, dass wir Hämorrhoiden haben. Wenn wir dann noch überrascht feststellen, dass die Reinigung des Hinterteils gar kein Toilettenpapier benötigt, werden sogar Glückshormonen ausgeschüttet. Unser Entzücken wird schier grenzenlos, wenn uns auch noch die Verwendung von Duftsprays erspart bleibt. Und schon freuen wir uns nicht nur über die Erleichterung, sondern werden dabei auch glücklich.

Der Dünndarm zerlegt die Nahrung soweit, dass die Nährstoffe von dort ins Blut und Abfallprodukte in die Lymphe befördert werden. In den Dickdarm gelangen nährstoffarme und unverdaute Reste. Wenn zu viel Zucker oder Proteine gegessen werden, kann der Dünndarm diese ab einer gewissen Menge nicht mehr verarbeiten und schickt diese Stoffe ebenfalls in den Dickdarm. Wenn Sie jetzt denken, dass dieser Überschuss einfach mit Ihrem Haufen in die Kläranlage abgegeben wird, sind Sie auf dem Holzweg. Es ist, als würden Sie in einem Gebiet mit einer Rattenplage verdorbene Lebensmittelreste auswerfen. Das riechen wir auf der Toilette und bei abgehenden Winden. Nun haben wir im Darm keine Ratten, aber Bakterien – gute und schlechte. Die schlechten sind Fäulnisbakterien, die sich gierig auf die nicht verwendeten Zucker und Proteine stürzen und sich daran laben. Diese Bakterien sind Bösewichter. Sie vermehren sich schlimmer als Ratten, wenn sie gefüttert werden und sorgen für Dysbalancen, die schlimmstenfalls zu bösen Krankheiten mutieren. Auf jeden Fall können sie die Ursache für die oben erwähnten Blähungen mit den einhergehenden, nach faulen Eiern riechenden Pupsen und dem stinkenden Endprodukt sein. Wir haben also selbst die Macht, diesen unästhetischen Teil des Darms umzukehren.

Die schlechten Bakterien benehmen sich uns gegenüber äußerst hinterlistig. Schließlich wollen auch die überleben und sich vermehren. Dazu senden sie Signale und fordern Süßigkeiten und Chips. Wenn Sie einen Janker auf so etwas bekommen, können Ihre Bösewichter im Darm dahinter stecken.

Ein Darm ohne aufgedunsenen Ballon und einer Sachertorte ähnelnden Wurst ist schon mal eine ganze Ecke sympathischer. Wobei Pupse auch nicht immer schlecht sein müssen. Sind sie frei von unangenehmen Düften, macht der Mensch alles richtig.

Das war mir schon als Vierjährige bekannt. Der Nachbar, den ich Onkel Fritz nannte, aß mit uns zu Abendbrot, als mir ein Geräusch entwich. Auf die Rüge meines Vaters meinte Onkel Fritz gelassen: „Ihr Popo hat doch nur gesprochen". Ich fragte, ob sein Popo auch spricht, welches er verneinte. Daraufhin stellte ich fest: „Dann ist er kaputt".

Übrigens...
...wussten Sie, dass Klopapier von der Evolution
überhaupt nicht vorgesehen war?
Erst schlechte Ernährung, Bewegungsmangel und Stress
machten die Erfindung von Toilettenpapier erforderlich.

Artenschutz im Darmschutzgebiet

Wir haben im Darm auch gute Bakterien. Die nenne ich einfach Friedhelms, Friedolins und Friedrichs. Natürlich gibt es mehr als nur drei Stämme und natürlich heißen die auch anders. Wir sind hier aber nicht im Lateinunterricht. Die drei Namen mit der Anfangssilbe «Fried» stehen für friedlich. Bakterien sind also nicht immer «Igitt». Die guten Bakterien kennen wir unter dem Begriff Darmflora (Mikrobiom). Diese macht den größten Teil des Immunsystems aus. Wir haben Billionen von diesen Bakterien im Darm – sollten wir zumindest, wenn er gesund ist. Ich beschränke mich auf die Oberbegriffe (nun doch Latein): Lactobazillen, Bifidobakterien und Colibakterien. Vielleicht haben Sie schon mal von Colibakterien gehört und denken, die sind doch schlecht. Colibakterien können nur schädlich werden, wenn sie den Dickdarm verlassen und in den Blutkreislauf, in die Harnröhre oder Scheide gelangen. Deswegen nach dem großen Geschäft immer schön von vorne nach hinten wischen – die Frauen zumindest. In den Blutkreislauf können Colibakterien bei einem durchlässigen Darm (Leaky Gut Syndrom) gelangen. Dieses Syndrom kann entstehen, wenn dem Darm unverdauliche Pflanzenfasern aus Obst und Gemüse vorenthalten werden. Die Schleimhaut des Dickdarms wird nicht vollständig über den Blutkreislauf versorgt. Sie braucht Ballast- und sekundäre Pflanzenstoffe, die Magen und Dünndarm fast unbeschadet passieren, um gesund und kräftig zu bleiben. Über diese Stoffe werde ich noch berichten.

Die guten Bakterien nennt man auch Probiotika. Den Begriff kennen Sie aus der Werbung. Joghurts werden zum Beispiel als Probiotika angeboten. Diese Joghurts enthalten also lebende Darmbakterien. Fein! Fraglich ist, ob die uns wirklich helfen, die Darmflora aufzubauen. Eine positive Wirkung konnte bisher nicht nachgewiesen werden.

Und das wird auch sogleich logisch: Die Bakterien leben normalerweise im Darm. Was ist es dort? Warm und dunkel! Bakterien mögen es kuschelig und düster. Der Joghurt wird aber gekühlt, ist weiß und steht in lichtdurchfluteten Regalen. Elender geht's für die kleinen Gesellen nicht. Als packe man eine Sandviper aus der Sahara auf das Eis der Arktis.

Je länger die Lagerzeiten, desto mehr sterben ab. Mit Glück haben wir noch ein paar lebendige im Joghurt, die wir dann zusammen mit den Leichen verzehren. Lecker! Und die paar Überlebenden fallen ohnehin der Magensäure zum Opfer.

Sich probiotisch zu ernähren geht auch einfacher und sicherer, indem wir Prebiotika (auch Präbiotika) essen. Prebiotika sind in bestimmten Lebensmitteln enthalten und richtige Leckerbissen für nette Darmbakterien. Nehmen wir solche Lebensmittel regelmäßig zu uns, können sich die guten Bakterien vermehren und sie werden aktiver.

Die Crux ist auch, dass die schlechten Bakterien mit Prebiotika so gut wie nichts anfangen können. Schmeckt denen einfach nicht!

Bevor ich weitermache, zähle ich auf, welche Lebensmittel prebiotisch sind (sonst vergesse ich das noch):

Artischocken, Chicorée, grüne Bananen, Lauch, Zwiebeln, Knoblauch, Spargel, Schwarzwurzeln, Pastinaken, Topinambur, Pak Choi, Hafer, Roggen, Löwenzahn, Yacón-Wurzel und der gute alte Caro-Kaffee wegen den Auszügen aus der Zichorienwurzel.

Alle diese Lebensmittel enthalten natürliches Inulin (bitte nicht mit Insulin verwechseln), welches *der* Leckerbissen für die kleinen Freunde in unserem Darm ist. Die kleinen Gourmets erfreuen sich an den Resten der Ballaststoffe, die unverdaut in den Dickdarm gelangen und knabbern genüsslich daran herum. Ein Gaumenschmaus! Das ist einer der Gründe, weshalb der Dickdarm so langsam arbeitet: Die kleinen Helfer sollen schließlich Zeit zum Essen haben und satt werden. Pech nur, wenn die Fäulnisbakterien überwiegen, denn dann bleibt auch denen mehr Zeit, sich durchzufuttern und sich zu vermehren.

Man nennt die netten Darmbewohner auch Rank- und Schlankbakterien. Wenn wir vorwiegend isolierte (leicht verdauliche) Kohlenhydrate zu uns nehmen (helle Teigwaren, Nudeln, Zucker) werden diese fast vollständig im Dünndarm verdaut und machen dick. Im Dickdarm kommt kaum noch etwas an und die kleinen Freunde verhungern elendig. Gegen die Bösewichte können sie sich nicht mehr wehren. Füttern wir sie aber gut, halten sie Bakterien und Krankheitserreger fern. Die Nahrung verstoffwechseln sie zu Milchsäure und schaffen damit ein saures Milieu. Das mögen die Bösewichter gar nicht. Haben sich die lieben Kleinen dick und rund gefressen und sind in der Überzahl, plustern sie sich gut gelaunt auf und grinsen die Bösewichter frech an. Die können sich nur noch davon schleichen wie enttäuschte Katzen vom Mauseloch.

Die kleinen Freunde pflegen auch die Darmzotten, indem Sie Fettsäure produzieren und die Zotten damit einbalsamieren. Auch Vitamine stellen sie her, aber manchmal auch Gifte. Das machen sie absichtlich, um uns abzuhärten. Muss man sie nicht lieb haben, unsere kleinen Mitbewohner, und sie schön verwöhnen? Ich habe den Lebensbereich meiner nützlichen kleinen Freunde zum Darmschutzgebiet erklärt und die Bewohner unter Artenschutz gestellt ☺ Wenn Sie sich damit nicht identifizieren können, erteilen Sie den bösen Bakterien wenigstens Bauchverbot und den Helfern Baucharrest.

Unser Darm hat so viele wichtige Aufgaben zu erledigen, dass wir ihn pfleglich behandeln sollten. Er kann sonst leicht zu einem Sensibelchen werden. Wir müssen kein Baby erwarten, um ab und zu mal lächelnd über unseren Bauch zu streicheln. Kreisende Bewegungen im

Uhrzeigersinn mag der Darm besonders gern. Bei Problemen wie Blähungen, Bauchweh oder Krämpfen machen Sie das einfach regelmäßig.

Mit dem Verwöhnen sollte man es aber nicht übertreiben. Wenn Sie bisher kaum Ballaststoffe zu sich genommen haben, sollten Sie langsam damit anfangen und nicht gleich eine ganze Gemüseabteilung verspeisen. Stellen Sie sich vor, Sie haben eine Woche nichts zu essen bekommen und man setzt Sie vor einen üppig mit Delikatessen gedeckten Tisch. Sie können sich denken, was passiert, wenn Sie ordentlich reinhauen. Den kleinen Bewohnern geht es nicht anders: Die drehen dann am Rad wie Hamster und Sie bekommen Blähungen und die abgehende Luft gleicht einem Feuerwerk. Womit wir wieder bei den Pupsen sind. Auch wenn Sie Ballaststoffe in moderaten Mengen verspeisen, entstehen Abgase durch das Geschmatze der kleinen Helfer. Und auch die müssen raus. Nur sollten diese Abgase geruchlos sein, da sie nicht von Fäulnisbakterien produziert werden.

Gar nicht pupsen bedeutet, dass Ihre kleinen Freunde nicht genug zu essen haben. Oder die Vielfalt unserer lieben Bakterien ist durch einseitige Ernährung verkümmert.

Es gibt auch etwas, das unsere kleinen Bewohner tötet: Antibiotika. Nicht alle sterben, aber immer noch zu viele. Manche können sich verstecken, und zwar im Wurmfortsatz. Dumm nur, wenn das Versteck nach einer sogenannten Blinddarm-OP weg ist.

Nach der Einnahme von Antibiotika sollten Sie sich ein Präparat aus der Apotheke oder dem Reformhaus holen, um die Darmflora wieder aufzubauen. Mit Joghurts schaffen Sie das nicht. Bei Antibiotika denken Sie bitte nicht nur an das Medikament, das Ihnen der Doktor verschrieben hat, sondern erinnern sich auch an Fleisch aus Massentierhaltung. Antibiotika können auch am Obst und Gemüse haften, da zum Düngen gerne die Ausscheidungen (Gülle) der Tiere benutzt werden. Also gut waschen. Eine gesunde Darmflora wird mit moderaten Mengen aus der Nahrung noch gut fertig, nach einer Antibiotikabehandlung jedoch nicht mehr.

Zu Antibiotika werde ich mich noch auslassen. Doch nun wollen wir uns erstmal wieder der Entspannung zuwenden.

> **Übrigens...**
>
> ...wussten Sie, dass die im Darm
> lebenden Bakterien und Keime im Durchschnitt ein
> Gewicht bis zu zwei Kilogramm auf die Waage bringen?

Die Grauzone vor dem Stress

Wenn wir unter chronischem Stress stehen, suchen wir nach Entspannungsmethoden, die uns aus der Falle helfen sollen. Diese sind zwar hilfreich und ich werde Ihnen auch noch einige davon vorstellen. Aber wissen Sie, wie es um Ihre eigene Wertschätzung bestellt ist? Lieben Sie sich selbst? Bei vielen von uns ist mangelndes Selbstwertgefühl erst die Ursache allen Übels. Das bedenken wir oft nicht und wundern uns, dass die so zahlreich angewendeten Entspannungsmethoden nicht wirken. Hängen wir die Wäsche ungewaschen an die Leine, duftet sie vielleicht etwas besser von der frischen Luft, aber sauber ist sie nicht.

Die Ursachen für mangelnde Wertschätzung können vielfältig sein: zu viel Kritik, zu wenig Anerkennung, ewiges Genörgel, Blamagen, gescheiterte Beziehungen, Erfolglosigkeit, eigene begangene Fehler oder Ihnen wurde übel mitgespielt - die Liste kann endlos fortgeführt werden. Auch hierfür gibt es haufenweise Fachliteratur. Deswegen beschränke ich mich auf sechs einfache Tipps, die Sie einfach in Ihr Tagesgeschehen ohne Zeitaufwand einbauen können:

1. Lächeln Sie sich glücklich

Lächeln Sie morgens als erstes Ihr Spiegelbild an, wenn Sie vielleicht wie ein kleiner Troll aussehen mit zerknittertem Gesicht und zerzausten Haaren. Probieren Sie aus, albern zu sein, stecken sich grinsend die Zunge raus oder machen Grimassen. Das erzeugt schon morgens gute Stimmung und stärkt Sie für den Tag. Sich dabei dann noch selbst auf die Schulter klopfen, kommt auch gut. Lernen Sie Lächeln, auch über den Tag. Lächeln Sie andere Menschen an und ernten Sie das Lächeln der Anderen.

Ich füllte einmal einen Lottoschein aus, übergab ihn der Kassiererin und sagte lächelnd: „Ich habe eigentlich mit sowas kein Glück, aber mir ist danach, es mal wieder zu versuchen." Die Kassiererin strahlte mich mit den Worten an: „Sie stehen gesund vor mir auf zwei Beinen und lachen. Gibt es etwas Schöneres?" Das war mein Lottogewinn – nur durch ein Lächeln.

Lächeln Sie auch einfach nur mal so - weil Sie sich gerade über etwas freuen, eine Schachbrettblume in der Natur oder eine Wiese mit Korn- und Mohnblumen, das Sandbaden der Spatzen oder das Klopfen des Buntspechtes, eine grüne Welle an den Ampeln in der Stadt, einfach bei allem, was Sie erfreut. Lächeln Sie auch, wenn Ihnen nicht danach zumute ist oder besser: gerade dann! Lächeln macht negative Ereignisse nicht rückgängig, aber die Stimmung wird auf gar keinen Fall noch schlechter. Und unser Gehirn reagiert, wenn die Mundwinkel sich nach oben verschieben. Aber dazu komme ich noch.

2. Sehen Sie Körnchen

Überschätzen Sie nicht die materiellen Dinge. Die Hochgefühle sind nur von kurzer Dauer. Konsumgüter sind keine Glücksquellen. Nehmen Sie die kleinen Geschenke war, die uns das Leben so reichlich beschert. Es gibt so viele – oft nur Körnchen, die so groß werden und aufgehen, wenn wir nur die Augen öffnen. Lernen Sie wieder, die

Wunder des Lebens nicht zu übersehen. Ich schreibe «wieder», weil Sie es in Ihrem Leben schon konnten, nämlich als Kind. Die einfachen Dinge sind die Grundlagen des Lebens. Im Laufe der Zeit haben wir verlernt, diese zu sehen, weil Sorgen, Ärgernisse und zu viel Beschäftigung von uns Besitz ergriffen haben. Doch wir haben immer die Zeit, die Glücksmomente in unserem Leben wahrzunehmen und nicht daran vorbei zu laufen.

3. Loslassen befreit

Wir wurden im Laufe unseres Lebens zu Sammlern: Probleme, Sorgen, große und kleine Ärgernisse türmen sich auf wie ein großer Müllhaufen. Vergessen Sie, was es nicht lohnt, überhaupt daran zu denken und es bleibt nicht einmal mehr ein voller Abfalleimer nach. Wie das geht? Ganz einfach: Stellen Sie sich immer die Frage, was ist von dem Problem in einer Woche, einem Monat oder einem Jahr noch übrig? Meistens nichts! Es lohnt also überhaupt nicht, sich daran festzubeißen. Also können Sie diese Dinge gleich vergessen. Tragen Sie sie nicht unnötig mit sich herum.

Hierzu fällt mir eine Geschichte ein, die in verschiedenen Variationen im Internet zu finden ist:

«Ein junger und ein alter Mönch machen eine Pilgerreise. Sie kommen an einen Fluss mit starker Strömung. Dort steht eine junge hübsche Frau, die sich offenbar davor fürchtet, den Fluss zu durchqueren. Ohne zu zögern geht der alte Mönch zu der Frau, hebt sie auf seine Schultern und trägt sie zum anderen Ufer. Sie bedankt sich und geht ihres Weges. Daraufhin setzen die beiden Mönche ihre Pilgerreise fort. Stunden später fängt der junge Mönch an, den anderen zu kritisieren und sagt wütend: "Du weißt doch, dass es uns als Mönchen nicht erlaubt ist, Frauen anzufassen! Wie konntest du nur gegen diese Regel verstoßen?"

Der alte Mönch, der die Frau durch den Fluss getragen hatte, hört sich die Vorwürfe des anderen ruhig an. Dann antwortet er:
"Ich habe die Frau vor Stunden am Ufer des Flusses abgesetzt – aber du trägst sie immer noch mit dir herum!"»

Katastrophen, eigene schwerwiegende Fehler oder wenn Ihnen übel mitgespielt wurde, können Sie nicht mehr rückgängig machen und die Zeit nicht zurück drehen. Was geschehen ist, ist geschehen und gehört der Vergangenheit an. Sie erreichen nichts außer Krankheit, wenn Sie ein Leben lang darüber nach grübeln oder mit Ihrem Schicksal hadern. Wachsen Sie an Katastrophen und Schicksalsschlägen und lernen Sie aus eigenen Fehlern. Blicken Sie nicht zurück und genießen den Tag, denn es ist der erste von dem Rest Ihres Lebens. Wenn es dennoch etwas gibt, was Ihnen negativ nachhängt, machen Sie sich diese Sache noch einmal bewusst und schreiben nieder, was Sie belastet. Dann zünden Sie den Zettel feierlich an und stellen sich vor, dieses Gedankenübel aus Ihrem Leben zu verbrennen. Verfolgen Sie den abziehenden Rauch und stellen sich vor, wie sich das Problem in Luft auflöst.

Der Umgang mit Problemen ist oft erheblich schwerer, als hier so einfach dargestellt. Deswegen vertiefe ich dieses Thema später noch.

4. Entscheiden Sie sich für Ihre Wünsche

Entscheidungen hinaus zu zögern, kostet unnötige Energie. Ihr Selbstwertgefühl heben Sie damit auf gar keinen Fall, denn es verunsichert Sie nur. Lange über etwas nachzugrübeln, ist unnötiger Ballast, von dem man sich befreien oder den man sich gar nicht erst aufbürden sollte. Viele Menschen zögern, etwas umzusetzen, weil Zeitpunkt und Umstände nicht passen, aus Angst vor Blamagen oder Fehlern oder weil es vielleicht nicht lohnt. Welche Ausrede man benutzt, kommt immer ganz drauf an, was entschieden werden soll. Ja, es ist nämlich alles eine Ausrede. Wenn der Umstand nicht passt, dann kann das durchaus sein. Nur kann der Plan dann auch endgültig verworfen werden. Es gibt nur hopp oder topp! Wenn Sie etwas machen möchten, haben wollen – was auch immer, dann tun Sie es, wenn es Ihnen umsetzbar erscheint. Es sind Ihre Träume und Ihre Wünsche, die Sie sich erfüllen sollten. Und auf Dauer ist es ungesund, die Wünsche anderer immer vor die eigenen zu packen. Eifern Sie nicht Meinungen nach, die Sie nicht teilen.

Das Leben ist zu kurz, um auf bessere Zeiten oder Umstände zu warten. Es können immer Fehlentscheidungen dabei sein oder es läuft nicht wie geplant. Na und? Wichtig ist doch nur, dass Sie Freude an der Umsetzung haben. Wenn Sie zum Beispiel gerne malen, werden Sie sicher nicht zu einem Picasso. Aber wenn es Ihnen Spaß macht, tun Sie es doch einfach! Vieles machen wir aus Gewohnheit. Hinterfragen Sie die Gewohnheitsdinge. Entsprechen Sie wirklich Ihrer Lust und Laune? Oder handeln Sie nur wie gehabt, weil es immer so gewesen ist? Sie werden sich sehr wundern, welche neuen Wege sich öffnen. Geben Sie Ihrem Leben Raum. Denn es gehört Ihnen.

5. Gefallen Sie sich selbst

Versuchen Sie nicht, jedem Menschen gefallen zu wollen. Das funktioniert nicht. Nehmen Sie den umgekehrten Fall: Gefallen Ihnen alle Menschen, die Sie kennen? Ganz sicher nicht!

Vorrangig geht es um Ihr Verhältnis zu sich selbst, um die Wertschätzung Ihrer Persönlichkeit, um das Bewusstsein zu Ihrem Ich. Jeder von uns Menschen ist einmalig: Es gibt keine Kopie, es gab nie eine und wird auch nie eine geben. Ich finde diese Vorstellung nahezu überwältigend, wenn man sie in das Verhältnis zu Raum und Zeit setzt. Genießen Sie diese Einmaligkeit. Wir sind alle behaftet mit Fehlern und Defiziten und das ist gut so, denn sonst könnten wir uns nicht weiter entwickeln. Wir wachsen an Fehlern.

6. *Seien Sie dankbar*

Dankbar werden Sie schon, wenn Sie kleine Dinge wahrnehmen und sich darüber freuen. Vergrößern Sie die Körnchen, als würden Sie durch eine Lupe blicken. So nehmen Sie Wunder des Lebens bewusst wahr – Geschenke, die Sie einfach nur so bekommen – ohne Gegenleistung, ohne Anspruch darauf. Sehen Sie nicht, was Ihnen fehlt, sondern das, was da ist und nehmen es dankbar an. Schätzen Sie die Menschen, Gesundheit und Dinge, die Sie haben und stellen Sie sich vor, etwas wäre plötzlich nicht mehr da – zum Beispiel Ihr Partner, Ihr Haustier, Ihr Augenlicht, Ihr Garten.

Erforschen Sie alles, was Ihre Seele reich macht und was Ihr Leben erfüllt. Dankbar sein führt zu Glück. Und Glück führt zur Gesundheit. Und das alles ohne Beipackzettel und Nebenwirkungen.

Schreiben Sie jeden Tag drei bis fünf Dinge oder Momente auf, für die Sie dankbar sind. Manche finden das lächerlich oder sogar peinlich. Doch dadurch lernen wir, uns auf die schönen und wichtigen Dinge des Lebens zu zentrieren.

Diese sechs Anregungen sind der Schlüssel, um sich selbst wert zu schätzen. Sie können ohne zusätzlichen Zeitaufwand in den Tagesablauf integriert werden. Sie lernen, Wichtiges von Unwichtigem zu unterscheiden. Und damit wird Ihnen der Weg geebnet, das Wichtigste zu erkennen: SIE!!! Erst dann werden Sie Entspannungstechniken wirksam anwenden können – wenn Sie diese dann überhaupt noch brauchen ☺

Ich möchte auch noch auf die Menschen eingehen, die mit Ihrem Äußeren unzufrieden sind, vielleicht weil sie einfach nicht mit der gewünschten Schönheit ausgestattet wurden, an Übergewicht oder sichtbaren Gebrechen leiden. Auch das kann zu einer mangelnden Wertschätzung führen. Wer aber nicht fähig ist, die Schönheit Ihrer

Seele zu sehen und sich nur an Äußerlichkeiten orientiert, ist es nicht wert, von *Ihnen* angesehen zu werden.

Übrigens...
> ...wussten Sie, dass Sie auch Ihrem Leben
> die richtige Würze geben können
> und nicht nur Ihrem Essen?

Achtsame Atmung – Teil 1

Kennen Sie das Gefühl, dass sich alles nicht richtig anfühlt, was auch immer Sie gerade machen? Dass Sie doch lieber den Dachboden hätten aufräumen sollen, statt bei Tante Isolde zum Kaffeeklatsch sitzen? Denken Sie zurück an die Essgewohnheiten. Hand aufs Herz: Wie oft haben Sie während der Mahlzeit daran gedacht, was danach zu tun ist? Vor meiner Empfehlung «wenn Sie essen, dann essen Sie und nichts anderes!». Sollte ich den Nagel auf den Kopf getroffen haben, ist das nicht schlimm. Dass wir uns selten im «Hier und Jetzt» befinden, ist der Zoll unserer Zeit. Wir haben einfach so viel um die Ohren, dass wir gedanklich voraus eilen, zu viel in den Tag packen wollen, nicht wissen, was wir zuerst und zuletzt machen sollen und dadurch Unwichtiges dem wirklich Wichtigen weicht. Ein solches Dasein beraubt uns jeglicher Energie.

Es ist Stress und zwar Dauerstress. Wir werden unzufrieden. Schlimmstenfalls kann solch ein Leben zu Burn-out und Depressionen führen. Oder wir werden krank und das hat nichts mit irgendwelchen Alterungsprozessen oder Pech zu tun. Lernen Sie Achtsamkeit mit sich selbst.

Ich gebe zu, dass dies nicht einfach ist, nicht schnell geht und dauerhaft geübt werden muss. Allzu schnell fallen wir in alte Muster zurück. Auch mir geht es oft nicht anders.

Wer mag, probiert eine Atemübung als ersten Schritt in die Achtsamkeit:

Wir setzen oder legen uns bequem hin und schließen die Augen. Dann konzentrieren wir uns auf unseren Atem. Normalerweise atmen wir unbewusst und dadurch oft falsch. Die richtige Atemtechnik lernen Sie noch kennen. An dieser Stelle kümmern wir uns nicht um richtig oder falsch.

Wir atmen tief durch die Nase ein und wieder aus. Was spüren Sie? Ist Ihnen schon mal bewusst aufgefallen, dass es sich in der Nase beim Einatmen kühl und beim Ausatmen warm anfühlt? Nehmen Sie wahr, wie der Brustkorb sich hebt und senkt. Was macht Ihr Bauch? Wölbt er sich beim Einatmen nach vorne oder zieht er sich nach innen? Macht er es beim Ausatmen umgekehrt? Auf diese drei Reaktionen konzentrieren wir uns während einer etwa zweiminütigen bewussten Atemzeit.

Ist es Ihnen gelungen, Ihre ganze Aufmerksamkeit dem Atemvorgang zu widmen? Oder sind Ihre Gedanken abgeschweift? Das macht nichts. Machen Sie die Übung in dem Fall gleich noch einmal und wenn Sie wieder abschweifen, konzentrieren Sie sich sofort auf die Atmung. Diese Übung sollten Sie täglich machen. Zwei Minuten sind nicht zu viel und es ist ein Anfang, achtsam mit sich umzugehen.

Die Übung lässt sich überall zwischendurch einbringen, ob im Beruf, zu Hause oder auch beim Spazierengehen. Dann aber lieber nicht die Augen schließen☺ Wir werden später mit der Achtsamkeit fortfahren. Es ist ein bisschen wie Schule: Wir müssen es lernen. Niemand wird am zweiten Schultag sein Abitur gemacht haben. Und bitte nicht vergessen: Gleich ein Atem-Karteikärtchen schreiben und es für den nächsten Tag sichtbar hinlegen.

Selbst wenn Sie falsch atmen, macht das nichts. Es geht erstmal nur um die Wahrnehmung. Üben Sie diese bis zum Abschnitt über die richtige Atmung. Die Veränderung wird sich besser einprägen als jetzt nur den Anweisungen für die richtige Atemtechnik zu folgen.

Ich lasse Ihnen jetzt etwas Zeit zum Üben und wechsele mal wieder das Thema:

Energie durch Kohlenhydrate

Die Makronährstoffe Kohlenhydrate, Eiweiße und Fette geben uns die Energie, die wir zum Leben brauchen. Mit Diäten, die – je nach Mode-erscheinung – diese Nährstoffe verteufeln, schaden wir unserem Kör-per. Wir brauchen sie alle! Es ist deshalb nicht ratsam, wie ein Gras-hüpfer von Diät zu Diät zu springen oder überhaupt eine solche zu machen.

Sie sollten wissen, welche Kohlenhydrate mit Geschenken im Ge-päck daher kommen und welche besser in der Hölle bleiben.

Kohlenhydrate bestehen aus Zuckermolekülen. Wir unterscheiden schnelle und langsame Kohlenhydrate oder Einfach-, Zweifach- und Mehrfachzucker. Einfachzucker sind die schnelle Truppe, weil sie so einfach sind, dass sie nicht mehr aufgespalten werden müssen und geschwind im Blutkreislauf landen. Das sorgt für einen kurzfristigen Energieschub, aber auch für schnelles Ansteigen und Abfallen des Zuckerspiegels im Blut. Dieses rauf und runter missfällt dem Körper und er fordert schnell Zuckernachschub. Das ist eines der Gründe für Heißhungerattacken.

Außerdem wird die Bauchspeicheldrüse unnötig belastet, da sie mehr Insulin ausschütten muss, damit der Zucker aus dem Blut verschwindet und in die Zellen geschleust werden kann. Die Insulinausschüttung durch schnelle Kohlenhydrate legt die Fettverbrennung lahm. Dauernd zu viel Zucker im Blut macht uns fett oder krank oder beides. Schnelle Kohlenhydrate sind Weißmehlprodukte, Reis, Kartoffeln, Nudeln, Zucker und zuckerhaltige Waren sowie Salzgebäck. Zur Hölle damit! Nur Reis und Kartoffeln dürfen ins Zwischenreich. Dazu komme ich noch.

Zweifachzucker sind auch nicht besser, denn sie bestehen aus Einfachzuckern im Doppelpack. Unser weißer Haushaltszucker (Saccharose) ist ein Zweifachzucker aus Glucose (Traubenzucker) und Fructose (Fruchtzucker).

Auch der Milchzucker (Laktose) in der Milch besteht aus den Einfachzuckern Galaktose (Schleimzucker) und Glukose. Auf Laktose komme ich zu einem späteren Zeitpunkt noch zurück. Den Zweifachzucker Maltose (Malzzucker) finden wir in einigen Getreiden (vorrangig Gerste), Sojasprossen, Getränken (insbesondere Bier), Spirituosen, Kartoffeln, Backwaren, Süßigkeiten und Kindernahrung.

Langsame Kohlenhydrate enthalten Mehrfachzucker. Der besteht zwar auch aus Einfachzuckern, aber in einer Menge, die der Dünndarm erst aufspalten muss, um den Zucker dann langsam ins Blut abzugeben. Der Blutzuckerspiegel erklimmt nur langsam den Mount Everest, bleibt länger konstant und entlastet die Bauchspeicheldrüse.

Langsame Kohlenhydrate speichert der Körper direkt als Energie, denn sie haben jede Menge Vitalstoffe im Gepäck, die wir in Vollkornprodukten, Körnerbrot, Haferflocken, Pseudogetreiden sowie in Obst und Gemüse finden. Hiervon sind wir länger satt und vermeiden Heißhunger. Die pflanzliche Kost bringt auch den Mehrfachzucker Cellulose mit. Cellulose kann gar nicht aufgespalten und verdaut werden. Unnützer Ballast?

Ballast - unnütze Last?

Mit dem Wort Ballast verbinden wir alles Überflüssige. Was aber bedeuten Ballaststoffe in der Nahrung? Rein biologisch gesehen, handelt es sich um Fasern in bestimmten Lebensmitteln, die wir nicht verdauen können und die uns keine Energie liefern – also doch Ballast? In früheren Zeiten hat man tatsächlich angenommen, dass Ballast in Lebensmitteln eine unnütze Last ist und keinen gesundheitlichen Nutzen bringt. Inzwischen ist aber bekannt, dass Ballaststoffe die Darmtätigkeit anregt und Verstopfung verhindert. Damit beugen Ballaststoffe Hämorrhoiden und Darmkrebs vor. Sie schützen vor hohen Blutfettwerten und vor erhöhtem Blutzuckerspiegel. So geben sie uns Schutz vor Herz-Kreislauf-Erkrankungen und Zuckerkrankheit. Die aus Ballaststoffen entstehende Glucose gelangt nur langsam ins Blut. Für Menschen mit einem erhöhten Blutzuckerspiegel eignen sich Ballaststoffe daher besonders gut. Ballaststoffe binden auch Gifte an sich und fördern deren Ausscheidung. Und sie sind das Leckerli für unsere kleinen lieben Bewohner im Darm. Durch deren Schmaus entstehen Fettsäuren, die den Dickdarm gesund halten und den freundlichen Bakterien eine heimelige Wohnstube bescheren.

Die Auswahl an Lebensmitteln mit Ballaststoffen ist reichhaltig, so dass es niemanden sonderlich schwer fallen sollte, sich damit zu versorgen. Wir finden Ballaststoffe in Vollkornprodukten. Bei Brot ist Vorsicht geboten. Vollkorn heißt volles Korn, das kann auch Weizen sein. Mit Körnern aufgepeppte Weltmeisterbrötchen sind deshalb keine Ballaststoff-Weltmeister.

Bei den Gemüsesorten sind Brokkoli, Rosenkohl, grüne Bohnen, Erbsen, Fenchel, Rot- und Weißkohl, Wirsing, Linsen, erkaltete Kartoffeln, rote Beete, Lauch, Karotten, Sellerie, Sprossen und Keimlinge hervorragende Lieferanten.

Beim Obst erhalten wir die meisten Ballaststoffe, wenn wir Beeren- und Trockenfrüchte essen. Alle Nüsse enthalten Ballaststoffe. Der Anteil ist bei geschälten Nüssen allerdings geringer. Ich meine damit die dünne Schale um die Nuss, wie zum Beispiel bei der Mandel – die harte äußere Schale brauchen Sie nicht essen ☺

Leinsamen, Sesam und Sonnenblumenkerne sind ballaststoffreiche Zutaten im morgendlichen Haferflockenmüsli. Abends mit Wasser, Mandel- oder Hafermilch (ungesüßt) ansetzen, gern noch ein paar Nüsse, Rosinen, Korinthen oder Maulbeeren dazu geben, über Nacht quellen lassen, morgens ein paar frische Beeren oder anderes Obst darüber geben – fertig. Nach Belieben zuvor auch mit Zimt abschmecken. Wenn gerade kein frisches Obst im Haus ist, verwenden Sie Trockenfrüchte (Feigen, Datteln, Bananen, Aprikosen, Mango), die Sie abends schon gleich mit hinein geben. Bevor Sie schlafen gehen, rühren Sie die Masse noch einmal um. Eventuell müssen Sie noch etwas Flüssigkeit zugeben. Durch das Mitkeimen der Rosinen, Korinthen oder Trockenfrüchte erhält das Müsli eine ausreichende Süße. Mit diesem Frühstück haben Sie Ihren Tagesbedarf an Ballaststoffen zwar erfüllt, dennoch sollten Sie die Möglichkeiten der Auswahl täglich abwechslungsreich kombinieren. Ich erinnere Sie an die kleinen hungrigen Freunde im Darm, die Vielfalt brauchen, um sich vielfältig zu entwickeln. Wie auf der Erde hat auch im Darm jede Kultur andere Vorlieben.

Beachten Sie, dass Sie zu Ballaststoffen viel trinken, abgesehen davon, dass wir ohnehin ausreichend trinken sollten. Die Fasern lösen sich nur durch Wasser. Sofern Sie sich bisher vorwiegend von Pizza und Pommes oder Fertiggerichten ernährt haben, gehen Sie vorsichtig an eine Umstellung heran. Der Organismus muss sich erst an dieses neue, aber willkommene Geschenk gewöhnen und kann mit Blähungen, Unwohlsein und ähnlichem reagieren. Auch Entgiftungserscheinungen wie Kopfschmerzen, Übelkeit, Müdigkeit können auftreten.

Das bedeutet aber alles nicht, dass Sie Ballaststoffe nicht vertragen, wenn Sie ansonsten gesund sind. Ausnahmen gibt es natürlich. Fangen Sie langsam an und steigern den Verzehr stetig. Beachten Sie auch, dass sich der Stoffwechsel altersbedingt verlangsamt. Gerade deshalb gewöhnen Sie Ihren Körper rechtzeitig an Ballaststoffe.

Einmal erkaltete Kartoffeln, aber auch erkalteter Reis, schmecken unseren Darmbakterien besonders gut. Durch das Erkalten entsteht eine resistente Stärke, die den Dünndarm unverdaut passiert und direkt in den Dickdarm gelangt. Daran ergötzen sich unsere kleinen Freunde. Die Stärke bleibt auch resistent, wenn einmal erkaltete Kartoffeln oder Reis wieder erwärmt werden. Es ist damit ein solides und einfaches Lebensmittel, um etwas für unsere Darmgesundheit zu tun. Kartoffelsalat, Reissalat (jeweils mit gutem Öl), Bratkartoffeln oder gebratener Reis sind einfach herzustellen und ideal für Menschen mit wenig Zeit. Pellkartoffeln halten sich bei Zimmertemperatur ein paar Tage und Reis im Kühlschrank ebenso. Die Nährstoffe in Pellkartoffeln bleiben erhalten, während sie bei geschälten Salzkartoffeln in das Kochwasser entweichen. Deswegen sollte man dieses Kochwasser verwerten.

Die resistente Stärke lässt den Blutzuckerspiegel nur langsam ansteigen, Blutfettwerte sinken, sie bietet Schutz vor Dickdarmkrebs und die Aufnahme von Mineralstoffen aus der Nahrung verbessert sich. Auch Körperfett wird besser abgebaut. Sie sehen, es ist durchaus sinnvoll, erkaltete Pellkartoffeln und erkalteten Reis in die regelmäßige Ernährung einzubinden. Schnippeln Sie frisches, buntes Gemüse in den Salat und schmecken ihn mit Kräutern und Gewürzen ab. Für beides eignet sich Kurkuma und Pfeffer besonders gut und gibt eine appetitlich gelbe Farbe. Die kleinen Freunde in Ihrem Darm werden diesen Ballaststoffcocktail sabbernd annehmen.

Beseitigen Sie ungesunden Ballast, wie Körperfett, Verstopfung,
hohe Blutfett- und –zuckerwerte, indem Sie Ballast essen!
Essen Sie Ballast mit Ballast weg!

> **Übrigens...**
> ...Ballaststoffe erhöhen das Stuhlvolumen.
> Halten Sie einen Pumpfix bereit ☺

Eigentlich sollte ich jetzt über Eiweiße und Fette schreiben. Das wird mir aber zu eintönig (Ihnen vermutlich auch) und kommt deshalb später.

Das Bauchhirn

Sie haben vielleicht schon gehört, dass der Darm auch Bauchhirn genannt wird. Wie mag das kommen? Wenn Sie zum Beispiel Ihren Arm heben wollen, geschieht dies durch die entsprechenden Signale an die Nervenzellen im Gehirn. Nun versuchen Sie aber mal, Ihrem Darm zu befehlen, er möge zügiger verdauen und ausscheiden, da Sie gleich einen Vortrag halten oder eine Reise antreten wollen. Es wird Ihnen nicht gelingen, denn der Darm verfügt über eigene Nervenzellen und Ihre Befehle interessieren ihn nicht die Bohne. Ein ganz schlimmer Zeitgenosse ist dabei der Dickdarm. Der Dickdarm heißt so, weil er dicker ist als der Dünndarm. Aber man könnte auch sagen, weil er dickfällig ist. Während der Dünndarm seinen Job fleißig erledigt, begnügt sich der Dickdarm mit Gemächlichkeit und ist ein fauler Sack. Wir können den Verdauungsprozess erst wieder willentlich beeinflussen, wenn wir einen Druck im Enddarm verspüren. Dann ist der Dickdarm fertig mit seiner Arbeit und möchte sich seines Produktes entledigen. Ihnen passt das gerade überhaupt nicht in den Kram und Sie verweigern dem Darm sein Anliegen. Wir kennen das Resultat: Wäre dann wieder Zeit, müssen wir gar nicht mehr. Der Darm hat sich tatsächlich samt Inhalt beleidigt zurückgezogen und startet erst Stunden später einen neuen Versuch. Machen wir das zu oft, bekommen wir von ihm die Quittung: Verstopfung!

Nun ist es aber keineswegs so, dass der Darm trotz seines eigenen Hirns vollständig losgelöst von unserem Kopfhirn arbeitet. Der Darm füttert unser Gefühlszentrum im Kopfhirn überschwänglich mit Informationen. Denn schließlich ist immer was los und es gibt viel zu berichten. Dabei kann es beispielsweise um die Besiedlung durch Außerdarmische (Pilze/Gifte/synthetische Stoffe) gehen. Der Gemütszustand des Bauchhirns verbessert sich dadurch nicht unbedingt und der des Kopfhirns aufgrund des Notrufes erst Recht nicht. So können negative Stimmungen entstehen.

Jetzt haben Sie schon drei Aspekte kennen gelernt, wie eng Verdauungsarbeit, schlechte Ernährung und negative Stimmungen miteinander verknüpft sind.

Ich fasse nochmal zusammen:

1. Unzureichendes Kauen kostet Energie. Energiemangel führt zu negativer Stimmung. Ausgiebiges Kauen entlastet den Verdauungsapparat und bedeutet, Genuss, Eigenzeit und Entspannung.
2. Das Hirn im Darm (Bauchhirn) «spricht» mit unserem Gefühlszentrum. Geht es dem Darm schlecht, geht es auch uns nicht gut.
3. Sorgen Sie für gutes Futter (Prebiotika/Ballaststoffe) für die guten Darmbakterien. Dann lächelt Ihr Darm gemeinsam mit Ihrem Mund freundlich um die Wette☺

Multitalente

Multitalente machen einen großen Teil positiver Veränderungen in der Ernährung aus. Modern heißen sie heutzutage Superfoods, denn sie kosten Supergeld, haben Supernamen und die Heilversprechen der Industrie klingen ebenfalls super. Bewiesen ist davon bis jetzt noch nichts. Ich habe Ihnen alltagstaugliche Tipps versprochen und dafür brauchen wir keine überteuerten Exoten. Unsere heimischen schwarzen Johannisbeeren und Heidelbeeren sind genauso gut wie Goji- oder Acaibeeren, von denen wir noch nicht einmal wissen, welche unbekannten chemischen Belastungen sie mitbringen. Nur auf den Vitaminverlust durch den Import können wir uns verlassen.

Ich stelle Ihnen Superfoods vor, die – zugegeben – auch nicht alle aus Deutschland kommen, die es aber schon immer gab und von denen ich denke, dass nicht jeder um die wunderbaren Wirkungen weiß.

Multitalente sind Alleskönner unter den Lebensmitteln, denn sie stecken voller Vital- und Nährstoffe. Man könnte sie auch als Zauberkünstler oder Artisten bezeichnen. Aber nun sind wir ja nicht im Zirkus, sondern befinden uns in der ernsthaften Materie einer gesunden Lebensweise.

Das erste Multitalent stellt sich Ihnen selbst vor:

Multitalent Mandel

„Hallöchen – ich bin die Mandel und kann richtig viel. Leider sind manche Menschen gegen mich allergisch – das ist schade. Wenn du mich nicht verträgst, lese diesen Abschnitt besser nicht, sonst wirst du nur traurig.

Ich hab gaaaanz viel Kalorien und Fett. Wer abnehmen möchte, sollte deshalb täglich 60 bis 80 Gramm von mir essen. Du denkst, ich will dich verkaspern? Keinesfalls! Ich gebe dir mit meinem Fett direkt Energie und lagere es nicht in deine Zellen ein. Das kann ich, weil mein Fettsäureprofil perfekt ist. Ich mache dich also nicht dick und helfe dir sogar beim Abnehmen.

In mir trage ich viel Eiweiß und Ballaststoffe und ich mache dich lange satt. Wenn du mich isst, fütterst du auch deine Helferlein im Darm. Durch mich bekommst du viel Magnesium, Calcium, Vitamin E, B-Vitamine und Antioxidantien. Man wird dir bestimmt noch erzählen, was Antioxidantien sind. Mit diesen guten Stoffen stärke ich dein Immunsystem.

Weißt du, was Insulin ist? Insulin bringt Zucker in die Zellen. Manchmal kann es passieren, dass die Zellen keinen Zucker mehr herein lassen. Dann bleibt der Zucker im Blut und du kannst zuckerkrank werden. Das möchtest du doch sicher nicht? Du kannst natürlich weniger Zucker essen, damit das nicht passiert. Dann sorge ich dafür, dass deine Zellen für die Aufnahme von Zucker bereit bleiben. Wenn kein Zucker mehr in die Zellen kommt, schreien sie «Hunger». Du isst und isst, wirst trotzdem nicht satt, irgendwann dick und krank. Versteh mich aber nicht falsch: Wenn du zu viel Zucker isst, kann ich dich auch nicht retten.

Ich kann noch mehr – nämlich deinen Cholesterinspiegel senken. Ich reguliere deinen Blutdruck und stärke deine Knochen. Ich kann Pilze töten und Entzündungen hemmen.

Möchtest du mich essen? Jeden Tag eine Handvoll passt immer. Esse mich naturbelassen und ungeschält, dann bin ich sehr gesund und habe die meisten Ballaststoffe. Aus mir werden auch Mandelmus und Mandelmilch gemacht. Das kannst du auch nehmen, wenn du mich nicht jeden Tag kauen magst.

Ich will nicht zu sehr angeben – meine Kumpel, all die anderen Nüsse, sind auch sehr gesund. Du darfst auch davon gerne naschen. Zum Beispiel mit nur drei Paranüssen deckst du deinen täglichen Selenbedarf."

Kraftwerke

Jeder kennt Kraftwerke und weiß, dass sie störanfällig sind. Wir haben Kraftwerke in unseren Zellen, die Mitochondrien. Sie geben uns Energie. Das können sie aber nur, wenn sie dauerhaft betrieben werden, so wie ein Kraftwerk über Turbinen und Generatoren läuft und durch Drehbewegung funktionstüchtig bleibt. Die Mitochondrien «laufen» nur bei ausreichender Bewegung. Fehlt Bewegung, schalten die Zellen ihre Kraftwerke nach und nach ab. Funktionsstörungen an unseren Kraftwerken bewirken Erkrankungen aller Art. Mitochondrien, welche der Störanfälligkeit zum Opfer gefallen sind, werden nicht wieder hergestellt.

Umgekehrt bilden die Zellen neue Kraftwerke, wenn der Energiebedarf steigt. Die Zahl der Mitochondrien können wir je nach Art und Umfang unserer körperlichen Aktivität vervielfältigen.

Natürlich brauchen die Mitochondrien auch Nährstoffe aus Lebensmitteln, jedoch nur so viel, wie der Körper benötigt. Übriges wird als Fett eingelagert.

Die Mitochondrien wollen auch mal entspannen. Das machen sie ganz automatisch mit Ihnen gemeinsam, sofern Sie nicht den ganzen Tag auf dem Sofa chillen. Unsere Kraftwerke brauchen Dynamik und Herausforderungen, wozu ab und an auch Stress gehört. Bei einem zu entspannten Lebensstil ohne Stress stellen einige Kraftwerke auch den Betrieb ein. Den gesunden Stress kennen Sie ja bereits.

Unser Körper ist keine Finanzeinlage

Sie kennen das sicher schon: Von allen Seiten hören wir, wie wichtig Bewegung ist, was Bewegung bewirkt und welches die Vorteile sind. Ich mache es umgekehrt und sage Ihnen, was geschieht, wenn wir uns nicht bewegen:

- Wenn wir unsere Knochen nicht benutzen, fühlen diese sich überflüssig und nicht mehr gebraucht. Sie reagieren mit einem ständigen Abbauprozess, der ab dem 40. Lebensjahr ohnehin naturgemäß einsetzt. Ohne Bewegung wird ab dann der Turbo für brüchige Knochen eingeschaltet. Gelenkverschleiß kann schon deutlich früher auftreten.

- Wenn wir unsere Muskeln nicht benutzen, geschieht dasselbe: Sie bauen ab! Muskelmasse bildet sich ab dem 25. - 30. Lebensjahr zurück. Ohne Muskelaufbau haben die Knochen keinen Halt und wir keine Kraft mehr. Die Beweglichkeit geht zurück und äußert sich in Steifheit. Bei mangelhafter Muskelmasse wird die Belastung auf Knochen, Knorpel und Gelenken nicht mehr abgepuffert und sie werden nach und nach zerstört.

- Somit haben wir ohne Bewegung Knochen- und Muskelschwund zu erwarten. Wir stürzen im Alter schneller und brechen uns die Knochen. Wir haben keine Kraft mehr, uns selbständig von der Toilette, vom Stuhl oder aus dem Bett zu erheben. Treppensteigen ist dann ohnehin nur noch eine Erinnerung an schöne Jugendzeiten. Wir fallen anderen Menschen zur Last, wenn wir denn solche haben, die uns betreuen oder landen im Pflegeheim.

- Wenn sich die Muskeln zurück bilden, sinkt der Energieverbrauch und Fett wird für Notzeiten eingelagert. Wir werden dick. Muskeln sind unser wichtigstes Organ für den Stoffwechsel.

- Ohne Muskeln erhält das Gehirn keine Bewegungsreize und Hirnzellen sterben ab. Das schafft Platz für Demenz und Alzheimer.

- Fettpolster sind Wohnraum für Giftstoffe. Einfache Regel: Je weniger Muskeln, desto mehr Fett, je mehr Fett, desto mehr Gifte im Körper. Viele von ihnen sind krebserregend.

- Was geschieht mit einem Gartenschlauch, der jahrelang nutzlos im Garten herum liegt? Im Inneren bilden sich Moose, Pilze und sonstige witterungsbedingte Ablagerungen. Das Material wird poröser und poröser. Nichts anderes geschieht mit unseren Arterien und Venen, wenn wir vom Bürostuhl zum Sofa wechseln. Ohne Bewegung verlangsamt sich die Durchblutung. Arteriosklerose und die daraus resultierenden Folgeerkrankungen rücken in greifbare Nähe.

- Ohne Bewegung altern wir nicht nur körperlich, sondern auch äußerlich schneller. Wir sehen zusammen gefallen, gegerbt und gekerbt, also unästhetisch aus. Unsere Gestalt kann der eines nassen Sackes gleichen.

- Ohne Bewegung schlummert unser Stoffwechsel den Dornröschenschlaf. Nährstoffe gelangen unzureichend in die Zellen. Die Mitochondrien bekommen nicht genug, um Energie herzustellen. Nach dem Ausfall der Kraftwerke sterben die Zellen, dann die Organe und schließlich wir selbst. Der Weg bis zum Tode ist allerdings lang - zuvor werden wir fett und krank.

- Unser Körper wird dauerhaft mit Giften konfrontiert. Einige können wir selbst reduzieren, aber den großen Anteil an Umweltgiften leider nicht. Ohne Bewegung geben wir dem Körper keine Chance zur Ausschwemmung. Der Organismus wird zur Giftmülldeponie. Ich spreche auch von gefährlichen Abfällen, wie Aluminium, Quecksilber, Blei, Kadmium, und Säuren, wie zum Beispiel Blausäure, Antibiotika usw. Würden wir derartiges in der Umwelt ablagern, machen wir uns strafbar (wenn wir erwischt werden).

- Ohne Bewegung ist das Immunsystem geschwächt und öffnet seine Türen für Krankheiten aller Art.

- Ohne Bewegung verliert die Lunge an Kapazität. Wenn das Treppensteigen zu einem Nahtoderlebnis wird, ist dies eine Ursache mangelnder Bewegung. Die Versorgung mit Sauerstoff hat sich verschlechtert.

- Das alles ist ja nur halb so wild, da im Ernstfall auch die Durchblutung des Gehirns über Jahre nicht mehr ausreichend gewährleistet war, wir dann an Demenz oder Alzheimer erkranken und nicht mehr viel von unserem Elend mitbekommen.

Defizite bemerken wir nicht gleich, denn unsere Muskeln, Knochen, Gelenke, Bänder und Sehnen passen sich so an, dass es für den gewohnten Hausgebrauch reicht – für mehr aber nicht. Wenn wir plötzlich aus der Hocke nicht mehr hoch kommen, die Zimmerdecke nicht mehr streichen oder eine schwere Kiste anheben können, schieben wir das auf den Alterungsprozess oder auf Gelenkprobleme. Dem können wir vorbeugen, wenn wir unseren Bewegungsapparat über den Alltag hinaus fordern. Ein Versuch mit Senioren im Altenheim hat ergeben, dass Heimbewohner nach einem Muskelaufbautraining wieder ein selbstbestimmtes Leben führen konnten. Sie sehen, es ist nie zu spät damit zu beginnen.

Wie ist es um Ihren Gleichgewichtssinn bestellt? Können Sie freihändig auf einem Bein stehen? Sich ohne festhalten oder hinsetzen Hose, Socken und Schuhe anziehen? Wenn nicht, sollten Sie handeln. Hierfür brauchen Sie keine weltbewegenden Anschaffungen. Ein dickes Kissen oder eine zusammengerollte Wolldecke reichen, um sich darauf zu stellen. Machen Sie das anfangs an einer Stuhllehne oder einem Türrahmen. Das Gleichgewicht halten Sie leichter, wenn Sie den Bauchnabel nach innen ziehen, die Zungenspitze an den Gaumen drücken und mit den Augen einen Punkt geradeaus fixieren.

Ergänzend füge ich noch hinzu, dass Ernährungsfehler und Vergiftungen (je nach Umfang) teilweise durch Bewegung (auch je nach Umfang) ausgeglichen werden können und das Erkrankungsrisiko senken. Umgekehrt heißt das, dass eine gesunde Ernährung kaum etwas nutzt, wenn die Bewegung fehlt. Aber das sagte ich bereits.

Übrigens…
…schon Hippokrates, der «Vater der Heilkunde»
wusste vor rund 2.400 Jahren, dass Essen allein
den Menschen nicht gesund hält,
wenn er sich nicht bewegt.
Heute sind gesundheitliche Defekte durch Mangel
an Bewegung wissenschaftlich belegt.

Wie alles begann (meine Geschichte)

«Zuviel Blutzucker» - so lautete vor Jahren das Ergebnis einer Blutuntersuchung. Ich bekam den Stempel Diabetikerin Typ 2 aufgedrückt. Mein Arzt empfahl mir, es erstmal mit einer Ernährungsumstellung zu versuchen und verbot mir jegliche zuckerhaltige Nahrung. Ich setzte alles einigermaßen um. Der Blutzuckerspiegel sank aber nur minimal. Irgendwann schoss er auch wieder hoch, weil ich der Entbehrungen überdrüssig war. Der drohende Zeigefinger meines Arztes holte mich jedes Mal von dem fliegenden Teppich herunter. Auch mein Gewicht schoss immer wieder in die Höhe und ich quälte mich durch Diäten. Große und kleine Zipperlein verheirateten sich ungefragt mit mir. Ich begann, mich mit Ernährung zu beschäftigen. Wühlte mich durchs Internet, kaufte ein Sachbuch nach dem anderen und besuchte Ernährungskurse. Am Ende war ich blöder als je zuvor.

Und dann kam Paul. Paul und ich arbeiteten in verschiedenen Behörden und trafen uns vor einigen Jahren zu einem Kooperationsgespräch. Dabei stellte sich heraus, dass wir schon Anfang der 90er in einer Abteilung bei einer Behörde zusammen gearbeitet hatten. Paul konnte sich an mich erinnern. Ich mich nicht an Paul – an rein gar nichts. Noch nicht einmal der Name sagte mir irgendetwas. Entweder musste ich mir Gedanken um meinen Kopf machen oder Paul um seine Unscheinbarkeit.

Paul berichtete, dass um vier Uhr morgens sein Wecker klingelt, weil er vor der Arbeit joggen wollte. Paul ist ein sportlicher und sehr gepflegter Mann mit sauber gezupften Augenbrauen. Er ist sehr eitel und stört sich leicht an Kleinigkeiten. Sogar die Halbkreise an den Ansätzen der Finger- und Fußnägel beobachtet er argwöhnisch. Paul betreibt Kraftsport und ist muskulös. Aber ein normaler Kraftsportler und kein Bodybuilder.

Doch es gab etwas, das nicht in Pauls Bild passte: Um zwanzig Uhr lag Paul nach einem anstrengenden Arbeitstag und seinem Besuch im Sport-Studio vollgefressen auf dem Sofa, bewaffnet mit Pudding, Erdnussflips und einer Rolle Doppelkekse. Pauls Essgewohnheiten glichen einem gefräßigen Getier. Er bezeichnete sich selbst als zügellos und undiszipliniert. Das blieb für den eitlen Paul nicht ohne Wirkung. Sein Waschbrettbauch war unter einem Airbag versteckt. Rundherum trug er einen Schwimmring, die er «Überwachsungen» nannte. Dabei wünschte Paul sich doch die sportliche, attraktive V-Form so sehr. Er beklagte ein halbes V, welches statt mit der unteren Spitze in einer breiten Untertasse endete.

Paul hatte zudem eine üppige Sammlung von gesundheitlichen Problemen, wie ständige Verdauungsprobleme mit unangenehmen Blähungen, Krämpfen, Verstopfungen und Durchfällen. Wen wundert's bei diesen Essgewohnheiten. Er behauptete, einen Reizdarm zu haben. Auch sein Immunsystem ließ sehr zu wünschen übrig - ein Infekt jagte den nächsten. Scherzhaft habe ich nach seinem ewigen Gejammer vorgeschlagen, ich würde mal einen Ernährungsplan für ihn aufstellen.

Paul nahm meinen Vorschlag mit unerwarteter Begeisterung an. Er meinte, für ihn einen Ernährungsplan zu erstellen, käme einer Doktorarbeit gleich. Selbstverständlich wollte Paul auch keine Kalorien zählen - daran wäre er schon ein paar Mal gescheitert. Zu allem Überfluss gab es viele Dinge, die Paul entweder nicht mochte oder nicht vertrug. Und Zeit für umständliches Kochen hatte Paul natürlich auch nicht. Auch sollte es eine kraftsportorientierte Ernährung sein – wobei ich bedenken sollte, dass er keine Zeit habe, sich morgens acht Eier zu braten. Schon klar – sonst noch Wünsche?

Paul litt unter seinem Befinden, hatte erfolglos schon einiges versucht und versprach deshalb, sich an den Plan zu halten, wenn ich bei den ganzen Schwierigkeiten denn noch Lust dazu hätte. Da hatte ich mir ganz schön was eingehandelt und stand da - hilflos wie eine Kuh im Hagelblitz. Aber nein sagen konnte ich auch nicht mehr – Paul war zu sehr angesprungen. Also ran ans Eingemachte! Als erstes musste ich mich mit der Ernährung für Kraftsportler beschäftigen, denn davon hatte ich gar keine Ahnung.

Ich kam nicht weit und blieb beim Kraftsport hängen. Bis dahin dachte ich, Kraftsport sei nur etwas für Typen, die mit ihren Muskeln angeben wollen. Was ich über die gesundheitlichen Vorteile für jeden Menschen - gleich welchen Alters oder Geschlechts - las, belehrte mich eines Besseren. Und dabei habe ich ein Fitness-Studio vor meiner Haustür. Hätte ich mich nicht angemeldet, würde ich heute wahrscheinlich in der Hocke am Boden kauern und Gänseblümchen zählen. Mein Fahrrad im Keller wäre wie ein übergroßer Kokon mit Spinnweben umhüllt, weil ich es die Treppe nicht hoch hieven könnte.

Die Suche nach der richtigen Ernährung für Paul musste weiter gehen, jetzt ja auch für mich. Also wurde fleißig recherchiert und noch mehr Sachbücher mussten her. An fragwürdigen Ernährungskursen hatte ich ja schon vorher teilgenommen. Am Ende war die Verwirrung komplett: Widersprüche über Widersprüche!

Wenn man eine Suchmaschine im Internet mit immer den gleichen Themen bemüht, ploppt es sehr bald auf: „Wollen Sie Ernährungsberater werden?" „Och nö, danke." So eine Suchmaschine kann aber äußerst hartnäckig sein. Nur nicht aufgeben! Das halsstarrige Benehmen zahlte sich aus – für die Suchmaschine, für eine Akademie, für mich und natürlich auch für Paul.

Es benötigte nur zwei Tage, dann war ich angemeldet für das Fernstudium «Ganzheitliche Gesundheit der Naturheilkunde». Erst habe ich natürlich gedacht, ich bin jetzt komplett durchgeknallt. Ich war volltags berufstätig, über 60 und will noch ein Fernstudium anfangen? Ich habe es getan und erfolgreich abgeschlossen.

Der Begriff *Fachkompetenz der holistischen Gesundheit der Naturheilkunde* (holistisch = ganzheitlich) ist im Gegensatz zum Begriff des Ernährungsberaters geschützt. Ernährungsberater kann sich hierzulande jeder nennen, dem danach gelüstet. Dieses erklärt auch die Masse an Ernährungsberatern mit der Masse an Widersprüchen. Dem Verbraucher ist es selten möglich, die Qualifikation zu erkennen. Eigentlich unbegreiflich in einem Land, in dem fast jeder Furz gesetzlich geregelt ist.

Pauls Undiszipliniertheit wandelte sich in Disziplin, die heute zur Gewohnheit wurde. Airbag und Schwimmring sind Geschichte. Sein Immunsystem funktioniert besser und Verdauungsprobleme treten deutlich weniger auf. Und wenn Paul mal Lust auf schmierige Marzipan-Nuss-Torte hat, dann genehmigt er sich ruhigen Gewissens zwei Stücke.

Das Studium habe ich durch ein Weiteres sowie Bildungsurlaube und Kurse in den Bereichen Bewegung, Entspannung und Menthaltraining ergänzt. Aus Neugierde habe ich nach dem Studium noch einige Ernährungskurse besucht, um wie eine gerupfte Henne mit gesträubten Borsten raus zu laufen.

Den Klassiker leistete sich eine sogenannte Ernährungsberaterin in nur zwei Sätzen: „Die Bitterstoffe im Rosenkohl kurbeln die Produktion von Verdauungssäften, insbesondere Gallensaft, an und fördern so die Fettverbrennung. Rosenkohl sollte man deshalb vor der Zubereitung ins Gefrierfach legen, damit der Frost die Bitterstoffe in Zucker umwandelt." Aha – also besser Fett ansetzen! Hmmm...

Jetzt haben Sie mich etwas kennen gelernt. Das Studium war ein Geschenk für's Leben – für ein Leben voller Gesundheit. Was ich Ihnen theoretisch vermittle, wende ich in der Praxis an. Von den Zipperlein bin ich geschieden. Ich bin nach wie vor Diabetikerin Typ 2, weil meine Bauchspeicheldrüse nicht mehr genug Insulin produziert. Ich komme immer noch ohne Medikamente aus, ohne mich quälen zu müssen. Auch ich nasche mal oder esse ein Stück Kuchen (manchmal auch zwei). Ich esse mich satt, nur eben von den richtigen Dingen – von Lebensmitteln. Mein Normalgewicht halte ich ohne Probleme. Was waren nochmal Diäten?

Von den gesundheitlichen und psychischen Erfolgen bin ich so überzeugt, dass ich diese mit Ihnen teilen möchte. Deswegen schreibe ich dieses Buch.

Schreckhafte Muskeln

Ich mache keine Werbung für Fitness-Studios, bin aber seit meinem Eintritt parteiisch. Vielleicht denken Sie wie ich einst, Kraftsport sei nicht Ihr Ding. Deswegen gestatten Sie mir ein paar Worte dazu.

Zu den Bewegungsallergikern zählte ich nie. Ich wanderte, war schwimmen und hab geradelt. Als ich ungefähr drei Wochen nach Beginn des Kraftsports zufällig über meinen Oberarm strich, bemerkte ich eine Härte, die vorher nicht da war. Die schon geschrumpften Muskeln waren plötzlich spürbar. Ich kann die Euphorie gar nicht beschreiben und fühlte mich mehr als motiviert.

Über die Vorteile des Muskelaufbaus und Nachteile des Muskelabbaus habe ich bereits geschrieben. Muskeln kennen auch kein Alter, wenn Sie gefordert werden. Sie können mit 90 noch anfangen. Ich bin keine Arnolde Schwarzenegger, aber mit 65 Jahren erheblich kräftiger als vor 20 Jahren.

Wenn Kraftsport richtig betrieben wird, ist es die einzige körperliche Ertüchtigung, welche die Erwartungen mit einem moderaten Zeitaufwand erfüllt. Zweimal wöchentlich 30 Minuten reines Krafttraining genügt; aber nur, wenn der Muskel an seine Belastungsgrenze getrieben wird. Gerätezupfen mit dreimal 20 Wiederholungen und danach immer noch können, ist zwar besser als Schokoriegel brechen, bringt aber nicht den Effekt und kostet mehr Zeit.

Beim Training bis zum Limit erschreckt sich der Muskel, fürchtet sich vor der nächsten Attacke und wappnet sich dagegen: Er verdichtet sich. Und mit jedem neuen Schreckensangriff wächst er weiter. Wenig Zeit für viel Gesundheit, Fettabbau, Stoffwechselanregung und lange Selbstständigkeit bis ins Alter. Zehn Minuten sollten Sie noch in die Aufwärmphase investieren. Meistens geschieht das auf dem Laufband, Rudergerät oder Ergometer.

Lassen Sie sich auf jeden Fall von einem professionellen Fitnesstrainer einweisen, wenn Sie Anfänger sind. Bei online-Training können Sie viel falsch machen und Muskeln, Knochen, Gelenke, Bänder oder Sehnen antworten mit Schäden. Bei bestehenden Erkrankungen holen Sie sich vorher grünes Licht vom Arzt Ihres Vertrauens.

Während des Trainings sind Sie durstig und müssen trinken. Nach dem Training werden Sie hungrig. Die Muskelzellen schreien nach Kohlenhydraten, Proteinen und Vitalstoffen. Es darf also gegessen werden, damit die Zellen fleißig mit ihren Regenerations- und Reparaturarbeiten beginnen können. Hierfür brauchen Sie mindestens 48 Stunden Pause (Anfängermuskeln noch länger). Dieses Training darf also gar nicht zu oft betrieben werden. Und niemals bei Muskelkater, Erkältung oder Schmerzen. Bei Rücken- oder Gelenkproblemen stehen Fitnesstrainer mit Rat zur Seite.

Aufgenommene Kalorien werden noch Stunden nach dem Training verbrannt, sogar wenn Sie nachts im Lummerland schlummern. Das schafft keine andere Sportart, selbst dann nicht, wenn dafür mehr Zeit investiert wird. Kohlenhydrate werden verfüttert, so dass die Zellen die Fettreserven für weitere Energie plündern müssen.

Das soll aber nicht heißen, dass wir alles wahllos in uns reinstopfen sollten. Paul zum Beispiel hat es reichlich übertrieben. Sporternährung ist ebenso verwirrend wie normale Ernährungsberatung. Ich halte nichts von starren Vorgaben, die zum Beispiel eine Grammzahl Eiweiß pro kg Körpergewicht empfehlen und dabei nicht den individuellen Menschen berücksichtigen. Das ist genau so ein Firlefanz wie Kalorien zählen. In meinen noch folgenden Ausführungen zum Eiweiß erfahren Sie, dass eine Kartoffel ebenso proteinwertig ist wie ein Ei und Kohlenhydrate und Mineralien gleich mit liefert. Auch für Sporternährung gelten die Anregungen dieses Buches und die Fähigkeit, auf seinen Körper zu hören. Dazu werden Sie später mehr erfahren.

Mir war es wichtig, dass Sie etwas über die Vorteile des Kraftsports erfahren. Sie sollten aber Spaß daran haben. Jedes Fitness-Studio bietet Ihnen ein kostenloses Training zum Ausprobieren an.

Das Ding mit dem Calcium

Jetzt komme ich zurück auf die kluge Frauenärztin und Sie erfahren, weshalb ihr Ratschlag falsch war.

Calcium ist von allen Mineralstoffen in unserem Körper am meisten vertreten. 99% davon befinden sich in den Knochen und Zähnen. Unser Skelett dient als Calciumspeicher. Da Calcium noch an weiteren Prozessen beteiligt ist, sollte es im Blut immer ausreichend vorhanden sein. Sinkt der Spiegel, greift der Körper auf den Speicher zurück und löst Calcium aus den Knochen, um die Speicher wieder zu füllen. Dieses können wir vermeiden, indem wir calciumhaltige Lebensmittel essen. Daraus resultieren die Empfehlungen, Calcium in großen Mengen zu sich zu nehmen, wie über Milch und Käse oder als Nahrungsergänzungsmittel. Nur bedenkt dabei niemand, dass Calcium die Knochen nicht nur aufbaut, sondern ebenso abbaut.

Unsere Knochen unterliegen einem ständigen Auf- und Abbauprozess: altes raus und neues rein – und zwar im gleichen Tempo. Vergleichen wir es mit einer Brücke: Wenn die Bauarbeiter zu viel Beton darauf schütten, stürzt die Brücke vielleicht nicht gleich ein, aber sie verliert ihre Elastizität – sie schwingt nicht mehr, wie sie sollte. Gelangt zu viel Calcium in die Knochen, werden sie spröde und starr; wie die Brücke büßen sie ihre Elastizität ein. Die Knochen wollen die überhöhte Menge an Calcium nicht und reagieren mit ständigem Abbauprozess.

Eine Studie der Schweden ergab, dass es insbesondere bei den Frauen aufgrund eines höheren Milchkonsums zu häufigeren Knochenbrüchen und auch zu einer höheren Sterblichkeitsrate kam. Immerhin wurden 61.433 Frauen über einen Zeitraum von über 22 Jahren und 45.339 Männer über 13 Jahre lang beobachtet. Andere Faktoren, wie Ernährung, Alkohol und Erkrankungen wurden berücksichtigt. Bei dem Verzehr von Milchprodukten (Käse, Quark, Joghurt usw.) war das Risiko der Sterblichkeit verringert. Das jedenfalls zu dem Rat, viel Milch zu trinken. Es gibt einige solcher Langzeitstudien, die das gleiche aussagen.

Wie aber schützen wir uns denn vor Osteoporose? Die Milch macht's jedenfalls nicht! Wie können wir den Aufbau unserer Knochen in dem Tempo des Abbaus vornehmen? In unserem Organismus wirkt nichts alleine. Ohne Bindemittel keine Soße! Für die Knochen brauchen wir also ein «Bindemittel» – etwas, was das abgebaute Gewebe aufbaut. Natürlich ist das auch Calcium, aber nur in Verbindung mit Magnesium. Magnesium baut das Calcium in die Knochen ein, wenn das Mengenverhältnis stimmt. Und dieses Verhältnis liegt bei 2:1 Calcium-Magnesium. In der Milch haben wir ein Calcium-Magnesium-Verhältnis von 10:1, im Käse sogar bis 30:1 je nach Sorte. Der Abbauprozess in den Knochen kann bei diesen Verhältnissen nicht mehr aufgefangen werden.

Aber es kommt noch schlimmer: Wenn zu viel Calcium aufgenommen wird, will der Organismus auch das Magnesium nicht mehr und scheidet es aus. Und schon gelangt Calcium nicht in die Knochen, sondern verbleibt im Blut und irrt dort ziellos umher. Der Name Calcium kommt aus dem lateinischen (calx) und bedeutet Kalk, Kalkstein oder Kreide. Wenn das Calcium keinen Ausweg findet, lagert es sich in den Arterienwänden und Herzklappen ab und die Gefäße verkalken. Dem Herz bleibt nur noch, das Blut hektisch durch die sklerotischen Adern zu pumpen. Neben Bluthochdruck ist die Arteriosklerose (Arterienverkalkung) noch schneller da als die Osteoporose. Noch Lust auf Milch? Mit der Milch wird's noch schlimmer, aber so weit sind wir noch nicht. Sie brauchen jetzt nicht panisch Ihren Kühlschrank von Milch und Käse zu befreien. Trinken Sie gerne mal ein Glas Milch und essen ein Käsebrot, wenn es Ihnen schmeckt. Nur der Osteoporose können Sie damit nicht vorbeugen, falls dies bisher Ihr Ziel war. Menschen aus Völkern ohne Milchverzehr haben eine hervorragende Knochendichte.

Der Knochenumbau ist insgesamt ein komplizierter Prozess, auf den ich hier wegen des «Calcium-Irrtums» eingegangen bin. Vitamine, Hormone und Botenstoffe beteiligen sich an dem Spiel. Ich zähle die wichtigsten weiteren Spielgefährten auf:

- Vitamin D (transportiert das Calcium)
- Vitamin K (bindet Calcium und lagert es in die Knochen ein)
- Vitamin C (fördert die Knochenbildung)
- Die Knochen brauchen Phosphor, Kalium, Bor, Zink, Kupfer, Mangan sowie Silicium und sollten über Lebensmittel zugeführt werden.

Diese Vitamine, Mineralstoffe und Spurenelemente sind für die Knochengesundheit unverzichtbar. Zu den Risikofaktoren gehören auch eine gestörte Darmflora, Dauerstress und Bewegungsmangel. Wenn wir uns nicht ausreichend bewegen, werden die Knochen nicht gebraucht. Die Folge ist ein ständiger Abbauprozess. Mit Ernährung ist dies nicht auszugleichen. Ich weiß – ich wiederhole mich. Ist Absicht☺

Calcium ist in vielen Lebensmitteln enthalten (außer nur in Milch und Käse), welche die Knochendichte erhöhen:

Brokkoli, Grünkohl, Pak Choi, Blattsalate, Fenchel, Lauch, weiße Bohnen, Kichererbsen, Süßkartoffeln, Kräuter, Nüsse, Mandeln, Trockenfrüchte, Sesam, Leinsamen, Pseudogetreide (Chia, Quinoa, Amaranth), Wasser.

Wasser enthält ebenfalls Calcium und Magnesium, ob aus der Leitung oder Flasche. Achten Sie beim Wasser auch darauf, dass das Verhältnis stimmt. Es sollte auch stilles Wasser sein. Sie wissen ja bereits, dass der Magenpförtner das Blubberwasser nicht durchlässt. Das Calcium im Wasser nimmt der Körper direkt auf. Zuviel Proteine, Speisesalz, Kaffee und Alkohol erhöht die Calcium-Ausscheidung über den Urin.

Magnesium - nur gegen Krämpfe?

Viele Menschen denken, Magnesium schütze uns nur gegen Wadenkrämpfe. Richtig ist, dass Magnesium unsere Muskeln entspannt. Damit sind aber nicht nur die Skelettmuskeln gemeint, sondern auch die Herzmuskeln und das Muskelgewebe der Arterien und Organe. Ohne Magnesium werden die Gefäße starr und unelastisch. Damit stehen Bluthochdruck, Thrombosen, Arteriosklerose, Schlaganfall und Herzinfarkt in der Warteschleife für alle möglichen Erkrankungen.

Magnesium stellt über 300 lebensnotwendige Enzyme her. Auch mit Enzymen werde ich Sie noch belästigen. Ohne Magnesium wären wir müde und lustlos. Mit 20 würden wir aussehen wie alte Tattergreise ohne Zähne. Ohne Magnesium könnte kein Zucker in die Zellen getragen werden und Proteine würden gar nicht erst gebildet. Wir alle hätten Diabetes, Nierensteine und Krebs.

Magnesium schützt unser Nervensystem und durchblutet das Gehirn. Dies mindert das Risiko, an Parkinson oder Demenz zu erkranken. Ein Mangel kann Migräne, Schlaflosigkeit, Hyperaktivität und Depressionen verursachen. Ohne Magnesium käme es zu einem Totalausfall unseres Nervensystems.

Das Mineral unterstützt die Ausleitung von giftigen Metallen, wie Aluminium, Blei, Quecksilber und Cadmium. Diese Gifte stehen in Verdacht, Alzheimer und Parkinson auszulösen. Bei Erkrankten wurde ein extremer Magnesiummangel festgestellt.

Magnesium hemmt Entzündungen. Bei Krankheiten mit Entzündungsprozessen kann eine Einnahme als Nahrungsergänzung hilfreich sein und Schmerzen lindern. Magnesium schützt aber auch Gelenke, so dass es bei einer guten Versorgung gar nicht erst zu entzündlichen Gelenkerkrankungen kommen muss.

Die positive Wirkung auf unsere Knochen ist Ihnen bereits bekannt. Das richtige 2:1 Calcium-Magnesium-Verhältnis überschreiten Sie nur, wenn Sie übermäßig viel Milch trinken und Milchprodukte verzehren. Auch zu calciumhaltiges Wasser und Calcium als Nahrungsergänzung kann die Aufnahme von Magnesium negativ beeinflussen.

Alle Mineralstoffe und Spurenelemente haben Spielgefährten. Unser Organismus nimmt Magnesium nur auf, wenn auch Selen und Zink sowie die Vitamine B1, B6 und E vorhanden sind. Umgekehrt benötigt Vitamin C das Magnesium, um aktiv zu werden.

Pflanzen ziehen heute weniger Magnesium aus der Erde. In Fertigkost finden wir kaum noch etwas. Auch durch Kochen gehen Mineralstoffe verloren. Sie werden zwar nicht zerstört wie Vitamine, aber in das Kochwasser ausgeschwemmt. Also sollten wir den Mineralstoffsud verwerten und nicht wegschütten. Schonender ist dünsten oder dampfgaren.

Essen Sie abwechslungsreich, bunt und natürlich. Dann sind Sie gut mit allen Nährstoffen versorgt. Wenn Sie befürchten, einen Mangel an Magnesium zu haben, essen Sie viel Gemüse und Salate, Nüsse, getrocknete Bananen, Kürbis- und Sonnenblumenkerne sowie Haferflocken und Pseudogetreide. Kakao und dunkle Schokolade sind reich an Magnesium. Verzehren Sie auch mal Fleisch, Fisch und Avocado. Dann hat Magnesium alle seine Spielgefährten.

Sofern Sie ein Magnesiumpräparat brauchen, empfehle ich Ihnen die Sango-Meereskoralle. Dafür müssen Sie nicht in das Meer um Okinawa abtauchen (Sie erinnern an die 100-jährigen?), um sich eine Koralle zu holen. Die Koralle gibt es pulverisiert oder in Kapseln. Die Sango-Meereskoralle hat viele Vorteile: Sie enthält Calcium und Magnesium in dem Verhältnis 2:1, wie es für uns Menschen ideal ist. Die Mineralstoffe werden sofort vom Organismus aufgenommen, weil die Bioverfügbarkeit hoch ist. Zudem befinden sich rund 70 weitere Mineralstoffe und Spurenelemente in der Koralle. Sie wirkt deshalb basisch. Wenn Sie mit dem Begriff nichts anfangen können, müssen Sie einfach weiter in diesem Buch lesen. Ich hätte die Koralle auch bei den Multitalenten mit aufnehmen können, doch es ist und bleibt ein Nahrungsergänzungmittel. Langzeitstudien haben ergeben, dass die Sango-Meereskoralle an der langen Gesundheit der Okinawer beteiligt ist.

Sofern Sie Angst haben, die Koralle könnte wegen des Atomunfalls von Fukushima strahlenverseucht sein (Studien konnten dies nicht belegen), dann greifen Sie auf die Sango-Meereskoralle zurück, die aus der Karibik gewonnen wird. Was aber lächerlich wäre, wenn Sie ständig Ihr Smartphone am Ohr haben und dieses auch noch mit ins Bett nehmen. Die Schädlichkeit dieser Strahlen ist nachgewiesen.

Aber Vorsicht: Magnesium identifiziert Medikamente als Gift und leitet sie aus. Präparate müssen Sie deshalb im Abstand von zwei bis drei Stunden zu den Medikamenten einnehmen. Eine Magnesiumdosis sollte die Menge von 250 mg nicht überschreiten. Mehr kann der Organismus nicht auf einmal verarbeiten. Hochdosierte Magnesiumpräparate aus der Drogerie sind rausgeschmissenes Geld.

Die Invasion aus dem Kuheuter

«*Die Milch macht's, Milch macht müde Männer munter*» und weitere Werbeslogans priesen Kuhmilch als *das* Grundnahrungsmittel an. Nur Milch führe dem Menschen Nährstoffe zu. Ohne Milch würden Krankheiten erblühen wie Pusteblumen und das Leichenschauhaus rufen. Regale in Supermärkten quellen über mit Milch und deren Produkten. *Frische* Vollmilch – *länger* haltbar. Hä? Udo Jürgens forderte: „*...aber bitte mit Sahne.*" Tankstellen bieten Milch mit dem Namen Euter 10 an. Das Angebot ist endlos und vergrößert sich ständig. Fertignahrungsmitteln schmecken durch Milchzucker und Milcheiweiß gut - Geschmacksverstärker oder Bindemittel, die wir ungefragt, aber gratis dazu bekommen.

Milch wird seit Jahrzehnten getrunken und in irgendeiner Form als Produkt verzehrt. Überall: zu Hause, bei Verwandten, im Kindergarten, in der Schule, sogar der Sportler im Studio schlabbert genüsslich seinen Proteinshake mit Milch. Milch *muss* gesund sein!

Kuhmilch ist Muttermilch für ein Kalb. Es enthält viele Nährstoffe und Wachstumsfaktoren, damit das Kalb schnell wächst, selbst weiden, gebären oder zeugen kann, schnell selbst Milch gibt oder schnell schlachtreif ist. Ausgewachsene Menschen brauchen also diese Muttermilch? Warum nur, hat die Evolution es dann so eingerichtet, dass Milch für ein Menschenkind nach dem Abstillen unverdaulich wird? Normalerweise. Wenn es nicht mit Kuhmilch weiter gefüttert wird.

Kuhmilch hat eine neue Spezies geschaffen: Mutanten - Mensch mit etwas Kuh. Es verwundert, dass wir noch nicht muhen.

„Trink deine Milch, dann wirst du groß und stark und kannst bald weiden", sagt die Mutter zu ihrem Kind.

Die Milch macht's!

Das war meine kleine Satire zur Milch.

Vielleicht hatte ich als Kind schon eine kleine Ahnung: Damals fuhr noch ein Milchmann mit seinem Wagen durch die Straßen, um frische Milch zu verkaufen – richtig frische: vom Euter in den Tank und von dort in die Milchkanne der Käufer. Ich war bei meiner Tante zu Besuch und sie wartete auf den Milchmann. Mir erklärte sie: „Das ist frische Milch von der Kuh." Ich hab sie etwas angewidert angestarrt und meinte: „Die trinke ich nicht! Ich mag nur Milch von Kaufmann Schott." Ich habe diese Milch zum Leidwesen meiner Tante tatsächlich nicht getrunken und ließ mir von ihr auch nicht einreden, dass auch die Milch von Kaufmann Schott von der Kuh stammt. Ließe es sich vielleicht mit kindlichem Instinkt begründen, dass Kuhmilch für ein Menschenkind nicht gut sein kann?

Milch wird selbst von Ernährungsberatern immer noch als gesund angepriesen und – wie Sie von mir wissen – ebenfalls von Medizinern. Selbst bei Wissenschaftlern scheiden sich die Geister.

Dabei ist es doch so einfach: Kennen Sie heranwachsende oder ausgewachsene Säugetiere (der Mensch gehört auch zu dieser Gattung), die Muttermilch trinken? Ich nicht! Kuhmilch ist Muttermilch und zwar für Kälber. Bedenken wir doch einfach mal, wie schnell ein Kalb wächst im Gegensatz zu einem Menschenkind. Ein Kalb wird durchschnittlich vier bis sechs Monate gesäugt. In dieser Zeit hat es sein Geburtsgewicht ungefähr verfünffacht. Mit rund fünf Jahren ist es ausgewachsen, wenn es vorher nicht geschlachtet wurde. Natürlich enthält Kuhmilch viele Nährstoffe, Vitamine, Hormone und Antikörper, wie es sich für Muttermilch gehört. Das Nährstoffprofil ist exakt auf das Kälbchen zugeschnitten. Dieses Profil passt aber nicht für uns Menschen. Es ist artfremd und das weiß unser Körper. Abgesehen davon, dass es dem Organismus ohnehin fremd ist, als Erwachsener Muttermilch zu trinken. Ein Menschenbaby kann ungefähr bis zu drei Jahren gestillt werden. Dann ist Ende im Gelände und das hat seine Gründe, auf die ich noch eingehe.

Die Sache mit der heutigen Milchproduktion hat natürlich eine Geschichte. Die Menschen haben nicht schon immer Tiermilch getrunken. Wozu auch? Irgendwann und nur in manchen Gegenden kamen einige Menschen aber mal auf die Idee, Kuhmilch zu probieren. Es hatte jedoch Seltenheitswert, denn aufgrund der früher artgerechten Haltung mit dem einhergehenden Säugen blieb ohnehin nicht viel Milch für die Menschen übrig. Doch der Stein des Unheils war ins Rollen gebracht – für Mensch und Tier. Die Milchverarbeitung in Europa begann erst vor rund 150 Jahren. Erste Dauerstallhaltungen wurden eingeführt. Erkrankungen und Seuchen folgten auf dem Fuß, bei den Rindern sowieso, aber auch bei Schweinen, welche die Restmilch bekamen, und schließlich auch beim Menschen. Doch man wusste sich zu helfen: Die Milch musste erhitzt werden, um sie für den menschlichen Verzehr geeignet zu machen. Katastrophale Haltungsbedingungen blieben jedoch und Milchsammelstellen wurden geschaffen. Doch die Menschen blieben skeptisch und der Absatz war nicht besonders erfolgsgekrönt. Für die Milchindustrie gab es aber kein Halten mehr. Neue Hygieneauflagen mussten her. Diese konnten kleine bäuerliche Betriebe aus Kostengründen nicht umsetzen und waren gezwungen, die Milchproduktion einzustellen. In der Zeit von 1950 bis 1970 waren in Deutschland 75% mit über 700.000 Kleinbetrieben betroffen. Die Milchindustrie hatte ihr Ziel vollbracht. Es folgten teure Werbekampagnen. Dem Verbraucher musste aufgetischt werden, nur mit Milch sei eine lange Gesundheit möglich.

Auf die Pasteurisierung (Erhitzung auf 72° für 30 Sekunden) folgten die Homogenisierung und die Ultrahocherhitzung. Pasteurisierte Milch darf als «Frischmilch» verkauft werden, obwohl sie länger haltbar und damit gar nicht mehr frisch ist. Bei der Homogenisierung wird das Milchfett in winzige Partikel zerkleinert. Dadurch wird die Milch von unansehnlichen Fettklumpen befreit und «hübsch». Milch, die als H-Milch in den Handel soll, wird kurz auf 150° erhitzt und danach auf 5° herunter gekühlt. Dadurch ist sie lange haltbar. Der Weg zur Massenproduktion war geschaffen.

Heute werden die Kälber meist schon gleich nach der Geburt von der Mutterkuh getrennt und mit Milchersatzprodukten aufgezogen, damit das Kalb noch schneller wächst, schneller Nachkommen gebären kann und schneller Milch produziert. Die erste Zeit wird noch Muttermilch beigefügt, die sogenannte Biestmilch (Erstmilch). Diese ist besonders reich an Vitalstoffen und Wachstumshormonen (IGF-1– Insulin-like Growth Factor 1) und wurde von der Evolution exakt auf das Nährstoffprofil eines Kälbchens zugeschnitten. Auch hier schreckt die Industrie nicht davor zurück, diese Erstmilch an den Mann oder die Frau zu bringen. Sie wird als Nahrungsergänzungsmittel meist unter dem Namen Kolostrum angeboten. Das Einzige, was bei einem ausgewachsenen Menschen davon noch wachsen kann, sind entartete Zellen (Krebszellen).

Die Rechnung mit der Milch ging für die Milchindustrie auf, für uns sind es Milchmädchenrechnungen. Die Milch von der Kuh ist für uns Menschen extrem gesundheitsgefährdend!

Milchmädchenrechnungen

Die Natur sieht vor, dass ungefähr nach dem dritten Lebensjahr keine Muttermilch mehr benötigt wird. Solange ein Säugling Muttermilch braucht, wird im Dünndarm das Enzym Laktase zur Verdauung des in der Milch enthaltenen Milchzuckers (Laktose) produziert. Die Bildung der Laktase geht nach dem dritten Lebensjahr zurück. Damit ist der Mensch ab diesem Zeitpunkt im Normalfall nicht mehr fähig, Milchzucker und damit Milch zu verdauen. Menschen, die das dennoch können, haben schon als Kleinkind Kuhmilch getrunken und deshalb wurde Laktase einfach weiter produziert. Dabei handelt es sich um eine Genmutation, die sogar vererbbar ist. Würden wir ohne diese Mutation Milch trinken, gäbe es arge Darmprobleme, denn dann hätten wir eine...

Laktose-Intoleranz. Aber Vorsicht: Auch Mutanten können davon betroffen sein. Vielfach werden Bauchbeschwerden gar nicht mit dem Milchverzehr in Verbindung gebracht, schon gar nicht, wenn bisher alles ohne Probleme lief. Die Laktaseproduktion nimmt auch für Milchtrinker naturgemäß mit zunehmendem Alter ab. Möglich ist auch, dass zwar Laktase produziert wird, aber schon ab Kindesalter nicht in der erforderlichen Menge, um den Milchzucker zu spalten. Im Darm fängt es dann plötzlich an, zu rumpeln und zu pumpeln als ob dort die «Meuterei auf der Bounty» abgeht. Verrückt ist, dass Laktoseintoleranten Menschen teilweise sogar empfohlen wird, weiter Milchprodukte zu verzehren, um den Körper auf Laktaseproduktion zu trainieren. Das ist kein Training, das ist Zwang zu etwas Artfremden. Der Körper will das nicht und erst recht braucht er es nicht. Problem dabei ist unsere Industrie, die uns Laktose unter jubelt, ohne das Wort Milch zu gebrauchen. Laktose kann in Fertiggerichten, Wurst, Backwaren, Süßigkeiten, Süßstofftabletten, Schüssler Salzen und auch in

Medikamenten vorhanden sein. Viele Produkte werden auch als laktosefrei deklariert. Super! Nur bedauerlich, dass diese Produkte häufig immer noch über geringe Mengen Laktose verfügen und für empfindliche Menschen wenig hilfreich sind. Wenn die Beschwerden trotzdem bleiben, geht die Suche nach anderen Ursachen los, die sinnlos und vergeblich ist.

Probleme können auch durch das in der Milch vorhandene Eiweiß (Kasein) auftreten. Dann haben wir es mit einer *Milcheiweiß-Allergie* oder *Milcheiweiß-Unverträglichkeit* zu tun. Die Ursachen konnten bisher noch nicht eindeutig geklärt werden. Man weiß nur, dass viele Menschen das Kasein der Kuhmilch nicht verdauen können.

Bei der Milcheiweiß-Allergie können Hautprobleme auftreten: Schuppenflechte, Neurodermitis, Ekzeme und Milchschorf bei Kindern, letzteres aber auch von Muttermilch. Auch hier können sich Verdauungsbeschwerden bemerkbar machen, wodurch die Unterscheidung zur Laktose-Intoleranz nicht vereinfacht wird.

Eine Milcheiweiß-Unverträglichkeit äußert sich durch Probleme des Atemtrakts. Verschleimung, verstopfte Nase, niesen, aber auch Bronchitis, Mandel-, Nasennebenhöhlen- oder Stirnhöhlenentzündungen können auftreten. Diese Probleme treten auch nicht unbedingt kurz nach dem Verzehr von Milchprodukten auf, wodurch ein Zusammenhang selten gesehen wird. Betroffene sollten – auch bei Problemen, die mit einer Laktose-Intoleranz zusammen hängen könnten - einige Wochen auf Milchprodukte verzichten. Wenn eine Verbesserung der Beschwerden auftritt, ist der Übeltäter entlarvt.

Laktose-Intoleranz, Milcheiweiß-Allergie und Milcheiweißunverträglichkeit
sind keine Krankheiten.
Es sind Folgen einer artfremden Ernährungsweise.

Kennen Sie die Langerhans-Inseln? Keine Sorge, ich wechsele nicht von Ernährung zu Erdkunde. Die Langerhans-Inseln sind jene Zellen der Bauchspeicheldrüse, welche das Insulin produzieren. Insulin können wir als eine Art Schlüssel betrachten: Es passt in das Schloss der Zellmembran und öffnet der Glucose die Tür in die Zelle. Wenn dieser Mechanismus gestört ist, bekommen wir...

Diabetes mellitus (Zuckerkrankheit). Diese bekommen wir auch, wenn die Langerhans-Inseln nicht mehr genügend oder kein Insulin produzieren. Die Ursachen für beides sind vielfältig. Da wir uns ja immer noch in dem Thema mit der Kuhmilch befinden, beschränke ich mich hierauf und konzentriere mich auf Diabetes Typ-1. Bei diesem Typ besteht Insulinpflicht, da kein Insulin produziert wird. Die Krankheit kann angeboren sein oder sich später entwickeln. Wenn sie sich später entwickelt, ist meist eine Virusinfektion voraus gegangen. Viren bestehen aus körperfremden Eiweißen und diese müssen bekämpft werden. Der Organismus bildet die entsprechenden Antikörper gegen diese fremden Eiweiße. Antikörper arbeiten äußerst effektiv, um gegen die Eindringlinge vorzugehen. Durch «klonen» vermehren sie sich. Je mehr Fremdeiweiße, desto mehr Klone. Ahnen Sie es schon? Auch das Kuhmilcheiweiß ist fremd. Wenn wir also Milch trinken, werden bei einer Virusinfektion noch mehr Antikörper gebildet. Nun wäre es ja nicht so schlimm, wenn die Milchproteine mit vernichtet werden. Wäre da nicht das Eiweißprofil der Langerhans-Inseln: Dieses ähnelt dem Milchprotein nämlich derart, dass die Antikörper die insulinproduzierenden Zellen gleich mal mit vernichten! Das war's dann mit Insulin. Selbige Wirkung können übrigens auch Weizeneiweiße (Gluten) haben. Nun hilft es auch wenig, während oder direkt nach einer Virusinfektion auf Milchprodukte zu verzichten. Hat der Organismus einmal diese Antikörper gebildet, bleiben die sogenannten Gedächtniszellen, die jederzeit beim Eindringen von Fremdeiweißen sofort auf den Bauplan zurückgreifen. Das alles kann aber auch nur geschehen, wenn unverdaute Eiweiße der Milch in die Blutbahn gelangen. In der Regel geschieht dies durch eine durchlässige Darmschleimhaut. Man hat festgestellt, dass Kuhmilch Diabetes-Typ-1 auslösen kann, wenn Babys unter 18 Monaten damit gefüttert werden – auch erst im Erwachsenenalter. Die Darmschleimhaut eines Babys ist noch nicht voll ausgebildet, so dass unverdaute Kuhmilchproteine in die Blutbahn treten können.

Kuhmilch kann zu _Allergien_ der verschiedensten Art führen. Fremde Eiweiße im Blut verwirren das Immunsystems. Dies kann sich in Form von Magen-Darm-Beschwerden, Entzündungen, Probleme mit dem Atmungssystem und Hauterkrankungen bemerkbar machen.

Arthritis, Autismus, ADHS, ADS und chronische Entzündungserkrankungen werden mit Kuhmilch in Verbindung gebracht. Wurden Milch und glutenhaltige Nahrungsmittel abgesetzt, konnten deutliche Verbesserungen der Symptome festgestellt werden.

Studien ergaben die Entstehung von _Akne_ durch Kuhmilch.

Kuhmilch stammt größtenteils von trächtigen Kühen. Dementsprechend hoch ist der Hormongehalt (Östrogene). Der hohe Gehalt steht in Verdacht, _Krebs_ auszulösen (Brust-, Eierstock-, Gebärmutter-, Hoden- und Prostatakrebs). Zu diesem Ergebnis kamen die Wissenschaftler der Havard-Universität (Hormone in der Milch können gefährlich sein) in verschiedenen Studien. Länder mit einem hohen Milchverzehr weisen deutlich höhere Krebsraten auf, als Länder mit geringem oder gar keinem Milchverzehr. Der Wachstumsfaktor IGF-1 kann Tumorzellen wachsen lassen. Mehr gibt es bei einem ausgewachsenen Menschen nicht zu vergrößern.

Ich frage mich nach alledem, wieso der Milchindustrie ein derartiger Freibrief zuteil kommt? Wir werden nicht nur im unnatürlichen Dauerzustand eines mutierten Säuglings gehalten – es grenzt an versuchter Körperverletzung an ganzen Nationen. Aber letztlich liegt der Umgang mit Milch und deren Produkte an jedem selbst. Nur wer Milch in großen Mengen als ein angeblich erforderliches Grundnahrungsmittel für die Gesundheit verzehrt, setzt sich dem Risiko aus, genau das Gegenteil zu erreichen. Jeder sollte seinen Milchkonsum überdenken oder bei bestehenden Erkrankungen, Allergien oder Unverträglichkeiten ganz einstellen. Wer gesund ist und Milch sowie Milchprodukte mag, möge diese (in Maßen) gerne weiter verzehren. Ernährung bedeutet auch Genuss. Ich selbst trinke inzwischen fast gar keine Milch, nur ganz selten, esse aber weiterhin gerne Käse auf meinem Brot. Trotz meines ganzen Gewetteres ist Käse immer noch die gesündere Alternative zu Wurst bzw. Aufschnitt. Natürlich ginge es auch ohne beidem. Es kommt immer auf die Menge an.

Die Milch macht's – nur was? Milch in großen Mengen ist schädlich!

Falls Sie durch den Milchbericht Schnappatmung bekommen haben, folgt jetzt:

Achtsame Atmung – Teil 2

Teil 1 diente nur dazu, das Bewusstsein für die Atmung zu wecken und blieb ohne jegliche Wertung. Wenn Sie falsch geatmet haben, ist das nicht schlimm. Die richtige Atemtechnik prägt sich dann besser ein. Durch Fehler wird man schließlich nicht dümmer.

Die meisten Menschen atmen zu flach. Es ist aber nicht egal, wie wir atmen, denn die Atmung hat Einfluss auf unseren Energiehaushalt. Im Ruhezustand atmen wir fast immer über die Nase ein- und aus. Hierbei bleibt der Energiehaushalt konstant. Wenn wir über den Mund ein- und ausatmen, halten wir die Energie niedrig. Unsere Energie steigt, wenn wir über die Nase ein- und über den Mund ausatmen. Diese Atmung ist also die Richtige, besonders bei körperlicher Belastung. Möchten Sie die Übung machen? Dann folgen Sie meiner Anleitung:

1. Stellen Sie sich aufrecht hin, die Beine sind hüftbreit auseinander und die Kniegelenke leicht gebeugt.
2. Strecken Sie den Rücken und halten den Kopf aufrecht mit Blick nach vorne.
3. Wenn Sie mögen, schließen Sie die Augen (aber erst weiter lesen).
4. Atmen Sie langsam durch die Nase ein und lassen den Atem bis in den Bauch fließen.
5. Achten Sie darauf, dass der Bauch sich beim Einatmen vorwölbt.
6. Atmen Sie langsam durch den Mund aus.
7. Achten Sie darauf, dass zuerst der Atem aus der Brust entweicht und danach aus dem Bauch.
8. Der Bauch zieht sich wieder ein.
9. Wiederholen Sie diesen Vorgang einige Male.

Wenn es Ihnen schwer fällt, sich auf die Vorgänge zu konzentrieren, legen Sie eine Hand flach unter den Bauchnabel. Dort befindet sich unser energetisches Zentrum. Die andere Hand können Sie flach auf die Brust legen. Wenn Sie bisher zu den «Flachatmern» gehört haben, werden Sie spüren, dass Ihre Atmung sehr hoch sitzt. Jede Wiederholung wird Sie weiter entspannen und die Atmung in den Bauch sinken lassen.

Diese Atemtechnik nennt man Bauchatmung. Sie hat den positiven Effekt, dass das Zwerchfell nach unten gedrückt wird und die Verdauungsorgane massiert. Die Lunge erhält mehr Platz, um sich mit Luft zu füllen. Sie verfügt über keine eigene Muskulatur und ist auf die Spannungen des Brustkorbs und des Zwerchfells angewiesen. Die Bauchatmung wird deshalb auch Zwerchfellatmung genannt. Das Zwerchfell bewegt sich dermaßen, dass gleichzeitig der Lymphfluss und die Entgiftung um ein Vielfaches gesteigert werden. Diese Atmung reguliert den Blutdruck und fördert die Durchblutung bis hin ins Gehirn. Sie aktiviert die Selbstheilungskräfte des Körpers und dient damit nicht nur der Prävention von Krankheiten, sondern hilft dem Organismus, wieder in sein Gleichgewicht zu finden.

Und wir konzentrieren uns voll und ganz auf diese Technik – ein paar Minuten ohne Müll im Kopf ☺ Es lohnt sich also, die Bauchatmung täglich zu praktizieren. Auch bei Bewegung und Sport spielt richtige Atmung eine große Rolle.

Multitalent Kurkuma

Kurkuma ist leider noch ein Waisenkind unter den Gewürzen und fehlt oft im Gewürzregal – das ist schade. Kurkuma ist ein Heilkraut mit einer derart umfangreichen Wirkung, dass es schon fast sträflich ist, es nicht täglich in den Speiseplan aufzunehmen. Dabei ist die Verwendung wunderbar einfach, denn man muss nicht unbedingt die frische Knolle verwenden – das gemahlene Pulver in Bioqualität tut es genauso. Nichts ist einfacher, sich Kurkuma mit zu dem Belag aufs Brot zu streuen und fast jedes Gericht kann damit gewürzt werden. Helles Essen wie Reis bekommt eine appetitlich gelbe Farbe. Das Auge isst schließlich mit und die Farbe macht gute Laune. Auch Currypulver verdankt seine Farbe dem Inhaltsstoff Curcumin. Es gibt nur einen Haken: Kurkuma hat eine sehr geringe Bioverfügbarkeit und das wertvolle Curcumin passiert hastig den Verdauungstrakt mit wenig Nutzen. Die einfache Lösung: Nur etwas schwarzer Pfeffer (ca. 1% der Kurkumamenge) erhöht die Bioverfügbarkeit um 2.000%. Dafür sorgt das im schwarzen Pfeffer enthaltene Piperin.

Und das bewirkt die Curcumin-Piperin-Waffe:
- regt die Verdauung an und wirkt gegen Verdauungsbeschwerden. Mit Kurkuma gewürztes Essen wird bekömmlicher, da die Muskulatur von Magen und Darm beruhigt und entkrampft wird,
- kann Erkrankungen verhindern, die sich negativ auf den Stoffwechsel auswirken,
- wirkt blutzuckerregulierend und positiv auf erhöhte Werte,
- gilt als das stärkste Antioxidans unter den Gewürzen,
- hilft bei Erkältung, Husten und Halsschmerzen,
- fördert die Fettverdauung und reguliert den Cholesterinspiegel,

- schützt vor Ablagerungen in den Gefäßen und damit vor Gefäß- und deren Folgeerkrankungen (Arteriosklerose, Schlaganfall, Herzinfarkt),
- fördert die Leber- und Gallenfunktion. Die Produktion von Gallensaft wird verbessert, wodurch Gallensteinen vorgebeugt wird.

Aber Vorsicht bei schon vorhandenen Gallensteinen: Diese können durch den verbesserten Fluss abwandern und den Gallengang verstopfen! Hersteller von Nahrungsergänzungen werben fatalerweise damit, dass Kurkuma Gallensteine abbaut. Vor dem regelmäßigen Verzehr von Kurkuma oder Curcumin als Nahrungsergänzung ist bei Gallensteinen ärztliche Abklärung erforderlich. Entscheidend ist die Größe der Gallensteine.

- Kurkuma ist eine Immunwaffe. Immunzellen werden aktiver und es bilden sich mehr große Fresszellen (Makrophagen), die Bakterien und Viren vernichten.
- Kurkuma unterstützt Killerzellen, die erkrankte Zellen identifizieren und sie zerstören. Auf diese Weise wirkt Kurkuma vorbeugend gegen Krebs. Studien haben ergeben, dass sich durch den Verzehr Karzinome zurück bilden und keine neuen Metastasen entstehen. Darüber hinaus unterstützt Kurkuma die Festigung der Membran gesunder Zellen und macht diese resistent (Hinweis: Kurkuma heilt Krebs nicht, kann aber den Genesungsprozess unterstützen).
- Kurkuma wirkt entzündungshemmend und kann bei Gelenkentzündungen (Arthritis) Abhilfe schaffen. Rheumatische Erkrankungen können gelindert werden.
- Kurkuma schützt die Knorpelzellen. Der Verlauf einer Arthrose wird verlangsamt, Schmerzen werden reduziert oder sogar ausgeschaltet (Heilung nicht möglich).

- Kurkuma wirkt wie natürliches Cortison, jedoch ohne die Nebenwirkungen des Medikaments.
- Kurkuma hat entgiftende Eigenschaften,
- kann Kopfschmerzen lindern und
- die Zahngesundheit fördern.
- Kurkuma sorgt für gesunde Haut, Kopfhaut und Haare.
- Kurkuma lässt sich auch äußerlich als Hautmaske, Haarfärbemittel und als Paste bei Insektenstichen anwenden.

Noch Fragen, liebe Leser? Aber sich bei Beschwerden nur auf die wundersame Wirkung von Kurkuma zu verlassen, wäre wie ein Windschutz im Orkan. So schön sich alles anhört, auch Kurkuma schafft das alles nicht alleine.

Die empfohlene tägliche Verzehrmenge liegt bei 3 mg pro kg Körpergewicht. Kaufen Sie das Gewürz als Pulver in Bioqualität aus einem Gewürz- oder Bioladen. Die Sorten im Supermarkt können mit Giften wie Pestiziden belastet sein. Eine zu hohe Dosierung ist nicht nötig, die Stetigkeit sorgt für den Effekt. Nebenwirkungen können nur bei bestimmten Erkrankungen (Magen-Darm, Galle, Leber, TTP/Morbus Moschcowitz) auftreten. In diesen Fällen sollte vorher ein Arzt oder Heilpraktiker konsultiert werden. Beginnen Sie langsam mit der Dosierung, wenn Sie Kurkuma noch nicht kennen, damit der Organismus sich an dieses Wundermittel gewöhnen kann. Sonst können Übelkeit, Kopfschmerzen, Müdigkeit usw. auftreten und Sie würden denken, dass Sie Kurkuma nicht vertragen. Es sind aber nur Nebenwirkungen von Entgiftungserscheinungen.

Die heilende Wirkung von Kurkuma befindet sich schon weit über 50 Jahren in der Forschung. Hunderte von Studien und Tests belegen das von mir Niedergeschriebene. Es gibt auch – wie zu allem - einige Gegenstudien. Ich verlasse mich auf meine eigene Studie: Anwendung und dessen Wirkung. Frühere Darmprobleme wie Blähungen,

Völlegefühl und Verstopfung gehören der Vergangenheit an. Mein Stoffwechsel funktioniert fast schon zu gut. Ich esse gut und viel und nehme nicht (mehr) zu. Infekte? Keine Ahnung – sehr lange her. Ich lebe schmerzfrei mit schweren Arthrosen in beiden Daumen-Sattelgelenken, die schon zur Operation anstanden. Die Arthrose ist nicht heilbar, die Knorpel sind dahin, die Knochen reiben aufeinander, aber die Schmerzen sind weg und die Hände wieder vollständig einsatzbereit. Warum sollte ich den wenigen Gegenstudien Glauben schenken? Es kommt ohnehin immer auf die Grundlagen der Durchführung an. Ausreichende Studienergebnisse für Schwangere und Stillende liegen noch nicht vor. Die werdenden und stillenden Mütter sollten Kurkuma deswegen nicht regelmäßig verzehren.

Immunbombe mit Kurkuma

Bei einem merkbaren Anflug einer Erkältung bereiten Sie sich doch einfach eine Immunbombe. Hierfür verwenden Sie dann doch die frische Kurkumaknolle von ungefähr acht Zentimeter Länge. Ebenso eine frische Ingwerknolle, vier Zentimeter lang. Beide Knollen waschen und in Scheiben schneiden. Vorsicht: Kurkuma färbt. Die Scheiben bringen Sie in einem Topf mit einem Liter Wasser zum Kochen, sodann zugedeckt bei kleiner Hitze acht Minuten köcheln lassen. In der Zwischenzeit pressen Sie zwei Zitronen aus. Den Topf vom Herd nehmen und den Zitronensaft sowie etwas Pfeffer und Honig hinzugeben. Die Flüssigkeit kann durch ein Sieb gegossen werden; die Scheiben mit zu verzehren, erhöht allerdings den Effekt. Frisch und heiß einen Becher trinken und den Rest später wieder erhitzen.

Ich erwähnte Killerzellen in der Aufzählung. Dazu gehören die großen Fresszellen. Zur Entspannung – oder Spannung – folgt eine kleine Geschichte aus unserem Innenleben:

Kleine Geister – große Meister

Bei dem Wort Fresszelle stellt man sich vielleicht eine Gestalt wie Pac-Man vor, die schnappend durch den Organismus jagt, um Viren und Bakterien zu fressen. Das Vorgehen einer Fresszelle könnte jedoch eher einem Gruselfilm entstammen. Fresszellen können ihren Körper wie ein Geist in Form und Gestalt verändern. Begegnen sie einem Erreger, umzingeln sie diesen mit ihrem Körper. Innerhalb der Fresszelle entsteht ein Hohlraum, der den Übeltäter gefangen hält. Nun schüttet die Zelle eine Portion eiweißauflösendes Enzym aus und der Feind wird bei lebendigem Leibe verdaut. Weil sich in der Region nicht nur ein Erreger aufhält, sendet die Zelle während ihrer Mahlzeit schon mal Botenstoffe aus, um weitere Fresszellen anrücken zu lassen. Diese abgefahrene Taktik beherrschen Fresszellen auch bei großen und aggressiven Außerkörperlichen. Sind die Erreger in der Region vernichtet, patrouillieren die Fresszellen durch die Umgebung, ob sich noch etwas zu eliminieren findet.

Es gibt natürlich noch jede Menge Abwehrzellen mehr und zu jeder gebe es eine Geschichte zu erzählen. Das würde aber vom Thema dieses Buches abweichen.

Freie Radikale, oxidativer Stress und Antioxidantien

Bestimmt haben Sie diese Begriffe schon gehört. Aber wissen Sie auch, was darunter genau zu verstehen ist? Freie Radikale könnte man - einfach ausgedrückt - als Räuber bezeichnen. Ihnen fehlt ein Elektron, um ihr Unwesen zu treiben. Sie gehen radikal auf Raubzug und klauen einem intakten Molekül das fehlende Elektron. Intakte Moleküle können Zellwände, Zellen der Blutgefäße, körpereigene Proteine oder sogar das Erbgut, die DNA, sein. Das vormals intakte Molekül wird selbst zum freien Radikal, denn es ist plötzlich auch unvollständig. Sofort entreißt es blitzartig einem heilen Molekül das Elektron. Freie Radikale entstehen fortlaufend, tagein, tagaus und pausenlos. Die Zahl beläuft sich beim gesunden Menschen nach Schätzungen auf 10.000 pro Körperzelle – und davon haben wir Billionen. Bei Krankheiten ist die Zahl weitaus höher. Sie brauchen kein Professor der Mathematik zu sein, um das Ergebnis der Kettenreaktion einschätzen zu können. Den Elektronenraub nennt man Oxidation. Sobald die Räuber (freie Radikale) gegenüber den Polizisten (Antioxidantien) in der Überzahl sind, sprechen wir von oxidativem Stress. Dann funktionieren die Zellen nicht mehr oder nur noch eingeschränkt oder sie sterben. Das Immunsystem versagt und wir sitzen im ICE auf dem Weg zu Krankheiten der verschiedensten Art. Zudem schreitet der Alterungsprozess rapide voran. Denken Sie an Eisenstangen. Haben diese keinen Schutzanstrich, rosten sie, die Belastbarkeit lässt nach und irgendwann bröseln sie auseinander. Sauerstoff hat aus dem Material Elektronen gestohlen und das Eisen rostet.

Aber nicht alle freien Radikale sind schlecht. Unser Körper produziert sie sogar selbst, um uns vor Krankheitserregern zu schützen. Auch in Stresssituationen, durch übertriebenen Sport und durch industriell verarbeitete Nahrungsmittel, schlechte Fette, Zucker und

Genussmittel produziert der Körper freie Radikale. Wir können Einfluss nehmen, indem wir uns eine Eigenschaft der Räuber zunutze machen: nämlich deren Faulheit. Freie Radikale sind schnell zufrieden, wenn sie nicht nach dem fehlenden Elektron jagen müssen, sondern ihnen dieses direkt vor der Nase und freiwillig angeboten wird. Aber wer soll das machen? Genau: Polizisten - die Antioxidantien. Diese geben ihr Elektron freiwillig ab, ohne selbst zu einem freien Radikal zu werden. Sollte dies doch einmal geschehen, wird es von einem anderen Antioxidans wieder vervollständigt und kann seinen Job weiter machen. Voraussetzung ist natürlich, dass jenes reparierende Helferlein auch vorhanden ist. Wenn zum Beispiel Vitamin E selbst zum freien Radikal wird, kommt Vitamin C daher und heilt das geschädigte Vitamin E. Viele Antioxidantien wirken überhaupt erst in Anwesenheit ihrer Artgenossen. Nicht alle Antioxidantien geben freiwillig ihr Elektron ab. Es gibt auch solche, die freie Radikale einfangen und sie zersetzen. Diese Antioxidantien bildet der Körper durch die Aufnahme von Zink, Selen und Eisen.

Antioxidantien sind Mineralstoffe, Vitamine, Spurenelemente, Enzyme und sekundäre Pflanzenstoffe. Wir finden alles in Gemüse, Salaten, Kräuter, Früchten, Keimlingen, Wildpflanzen, Nüssen, Ölsaaten, naturbelassenen Fetten und Ölen. Die Regel ist einfach: Bringen Sie diese Lebensmittel in die tägliche Ernährung ein. Bei den Gemüsen sollte die Auswahl farbenfroh sein. Dadurch erhalten Sie eine Vielzahl von unterschiedlichen Vitaminen und sekundären Pflanzenstoffen.

Essen Sie Gemüse vermehrt roh (sofern verträglich) oder dünsten Sie es nur leicht. Erhitzen vernichtet Vitamine und Enzyme. Freie Radikale lassen sich auch hervorragend durch Smoothies verscheuchen. Sprossen sind extrem wirksame Antioxidantien.

Essen Sie sich durch die Farben des Regenbogens!

Lebende Bio-Katalysatoren

Katalysatoren kennen wir vom Auto. Dort wandelt ein Katalysator Verbrennungsschadstoffe in ungiftige Stoffe um, aktiviert und beschleunigt Reaktionen. Dies geschieht ebenso in *jedem* lebenden Organismus. Es sind die Enzyme, die an sämtlichen Reaktionen beteiligt sind. Deswegen befinden sich Enzyme natürlicherweise in jedem Lebensmittel. Wir verfügen über körpereigene Enzyme für den Stoffwechsel, zum Verdauen sowie zum Spalten von Eiweiß, Stärke und Fett. Ohne Enzyme würde nichts funktionieren und nichts könnte leben. Nährstoffe könnten nicht verwertet werden, wir könnten nicht atmen, nicht verdauen, nicht entgiften, unser Nervensystem würde versagen. Wir wären gar nicht erst gezeugt worden, weil eine Zellteilung ohne Enzyme gar nicht möglich ist. Ohne Enzyme wäre der Planet Erde ohne jegliche Form von Leben.

Wir sollten uns aber nicht nur auf die körpereigenen Enzyme verlassen. Sie wissen, dass Verdauungsarbeit dem Organismus viel Energie kostet. Noch mehr Energie benötigt der Körper, wenn nach einer reichhaltigen Mahlzeit entsprechend viele Verdauungsenzyme hergestellt werden müssen. Der Organismus stößt schnell an seine Grenzen und verliert Energie, um an anderer Stelle nötige Enzyme zu produzieren. Krankheiten und vorzeitige Alterungsprozesse können die Folge sein. Wir sollten unseren Organismus entlasten, indem wir ihm Enzyme zuführen. Leider geht die Rechnung mit Braten, gekochten Kartoffeln und Gemüse nicht auf. Die Enzyme sind nämlich nur im Rohzustand enthalten. Ab 42° Erhitzung sind sie tot und auch durch Tiefkühlung sterben sie. Fertignahrung kann sich ohnehin zu den Moorleichen gesellen. Die Pasteurisierung der Milch hat die Enzyme auch abgemurkst. Was bleibt, ist tatsächlich Rohkost. Eine gute Wahl sind Sprossen, denn diese sind besonders enzymreich.

Enzyme sind auch in kleinen Mengen hochaktiv. Und ich erinnere Sie an dieser Stelle, dass Magnesium über 300 lebenswichtige Enzyme herstellt.

Sekundäre Pflanzenstoffe - Gift oder Schutz?

Sekundäre Pflanzenstoffe haben nichts mit dem Wachstum einer Pflanze zu tun, sondern einen sekundären Schutzmechanismus, indem sie beispielsweise vor Fressfeinden schützen. Die Pflanze bedient sich hierfür besonderer Stoffe, zum Beispiel Bitterstoffe. Meistens haben diese aber nur den Effekt, dass ein Tier nicht zu viel von der Pflanze frisst und sie so vor der Ausrottung geschützt wird. Außerdem wird das Tier auf diese Weise gezwungen, auch von anderen Pflanzen zu fressen und ernährt sich vielfältiger. So einfach funktioniert abwechslungsreiche Ernährung in der Natur.

Sekundäre Pflanzenstoffe schützen die Pflanze vor Pilzinfektionen, vor UV-Strahlen und regulieren den Wasserhaushalt. Die bunte Vielfalt der Blüten und Früchte entstammt den pflanzeneigenen Farb- und Duftstoffen, den Flavonoiden. Auch diese gehören zu den sekundären Pflanzenstoffen. Flavonoide in den Blüten sollen die Insekten zur Bestäubung anlocken. Die Farben der fertigen Frucht signalisiert die Essbereitschaft. Die reife Frucht darf von den pflanzenfressenden Tieren verspeist werden, weil dadurch die Kerne oder Samen gleich mit dem Düngemittel verbreitet werden.

Warum sollten wir Menschen sekundäre Pflanzenstoffe überhaupt zu uns nehmen? Bisher schrieb ich nur, welchen Nutzen die Pflanze daraus zieht. Wir müssen schließlich keine Kannibalen abwehren, die uns verspeisen wollen. Und die Sache mit den Bienen läuft bei uns auch anders. Aber auch unser Körper ist vor Fressfeinden nicht sicher. Diese zeigen sich in Gestalt von Bakterien, Pilzen und Krebszellen.

Hiergegen bieten sekundäre Pflanzenstoffe auch uns Schutz. Ebenso schützen sie uns vor UV-Strahlen und anderen Umwelteinflüssen. Sie binden Fette an sich und fördern so deren Ausscheidung. Dadurch können sie den Cholesterinspiegel senken. Sie fangen freie Radikale ab und fallen daher in die Gruppe der Antioxidantien, die das Immunsystem anregen. Sie fördern die Verdauung und ihre unverdaulichen Fasern sind das Leckerli für unsere freundlichen Darmbewohner.

Es gibt auch giftige sekundäre Pflanzenstoffe, weswegen diese vielfach im Kreuzfeuer stehen. Ich habe mir schon mehrfach anhören müssen: „Aber sekundäre Pflanzenstoffe sind doch gar nicht gut." Warum bitte, sollten sekundäre Pflanzenstoffe nicht gut sein? Wer sich freiwillig und bewusst an einem Knollenblätterpilz oder einem Fingerhut bedient, bei dem werden die Tassen im Schrank deutlich weniger. Dass es Giftpflanzen gibt, ist jedem bekannt. Es gibt aber auch die sogenannten «Zwitter». Das sind Pflanzen, die giftige Anteile (Alkaloide) enthalten. Ich führe hier nicht alle auf, sondern mache es am Beispiel des Borretschs fest. Borretsch enthält giftige sekundäre Pflanzenstoffe und gilt dennoch als Heilpflanze. Wie kann das denn sein?

Zunächst einmal die Heilwirkung: Borretsch wirkt entgiftend, entzündungshemmend, hilft bei Herzbeschwerden, Bluthochdruck und Schlafstörungen. Es ist angedacht, Borretsch als Tee zu verwenden oder die frische Pflanze in den Salat zu mischen. Die Giftstoffe würden erst dann eine negative Wirkung entfalten, wenn man sie täglich in großen Mengen als Hauptmahlzeit verzehren würde. Und das wäre ebenso bekloppt wie die Sache mit dem Knollenblätterpilz oder Fingerhut. Vorsicht ist lediglich bei einigen in der Apotheke erhältlichen homöopathischen Mitteln angesagt. Diese können aus Pflanzen bestehen, die Alkaloide enthalten. Beinwell zum Beispiel kann die Leber schädigen. In dem Fall sollte man sich hin hinsichtlich der Dosierung und Einnahmedauer schlau machen.

Einige Gemüsesorten enthalten im Rohzustand Giftstoffe. Hierzu gehören grüne Bohnen, gekeimte Kartoffeln, Pilze (außer Zuchtchampions), Rhabarber und Auberginen. Manche Hülsenfrüchte enthalten sekundäre Pflanzenstoffe, welche die Verdaulichkeit von Proteinen hemmen und zu Problemen führen können. Das sind Kichererbsen, Sojabohnen sowie weiße, schwarze und rote Bohnen. Der sekundäre Pflanzenstoff wird aber beim Kochen ausgeschwemmt und deshalb muss bei diesen Sorten das Kochwasser entsorgt werden. Alle anderen Gemüsesorten sind roh äußerst gesund. Die Schutzstoffe der frischen Pflanzen sind die Perlen natürlicher Lebensmittel. Wir sollten sie unbedingt nutzen. Sekundäre Pflanzenstoffe sind so verschieden wie die Vielfalt der Pflanzen.

Deswegen meine Empfehlung:

Essen Sie bunt – nutzen Sie die Farbenvielfalt von Saisongemüse.
Aber nicht die der Gummibärchen und Smarties.

Verwerten Sie auch die Anhängsel von Pflanzen. Die Blätter sind nährstoffreicher als die Knolle und eignen sich für Smoothies oder leicht mitgedünstet in einer Gemüsepfanne.

Gehirntraining schadet der Dummheit

Auch über unseren Kopf wollen wir mal reden. Unser Gehirn möchte wie Knochen und Muskeln gefordert werden. Sonst verkümmert es und wir werden vergesslich, wenn nicht sogar tüttelig. Nicht genutzte Vernetzungen wuchern wie ein Dschungel zu. Das Hirn benötigt wie alles die drei Zutaten Bewegung, Entspannung und Ernährung.

Vorrangig möchte unser Gehirn mit B-Vitaminen (B6, B9, B12), Omega-6- und Omega-3-Fettsäuren, Zink, Vitamin C und selbstverständlich mit Wasser gefüttert werden. Aber auch alle anderen Vitamine und Mineralstoffe füllt sich das Hirn gerne auf den Teller. Gehirnzellen benötigen auch Zucker, was nicht bedeutet, dass Sie täglich eine Handvoll Würfelzucker verspeisen sollen. Das Gehirn möchte gleichmäßig und langsam mit Zucker versorgt werden. Dieses erreichen wir mit Vollkornprodukten, Gemüse und Früchten.

Körperliche und geistige Übungen wirken dem Massensterben der Zellen im Gehirn entgegen. Die grauen Zellen erhalten mehr Sauerstoff, die Durchblutung steigt und neue Nervenzellen bilden sich. Wenn Sie also bis ins hohe Alter eine Geistesgröße bleiben möchten, sollten Sie sich entsprechend ernähren und körperlich bewegen. Ich erinnere an ausgiebiges Kauen für das Gehirnjogging. Und wie verhält es sich mit dem geistigen Training? Wenn Sie beruflich eine anspruchsvolle Denkertätigkeit ausüben, sind Sie gut versorgt. Zumindest solange Sie arbeiten. Danach oder schon während dessen, können Sie wie ich Fernstudien absolvieren. Das war natürlich Spaß ☺ Es muss keine schwerverdauliche Kost sein und geht auch einfacher.

Meine Mutter löste ihr Leben lang mit Hingabe Kreuzworträtsel und erhielt damit ihren Verstand bis zu ihrem Ableben mit 93 Jahren. Es gibt viele Möglichkeiten, sich geistig zu betätigen, je nach Interessen. Puzzeln, Strategie- oder Kartenspiele, Memory mit Kindern, Sudoku, Sprachen, Gedichte oder Kfz- Kennzeichen auswendig lernen.

Seien Sie erfinderisch und schauen, was Ihnen Spaß macht. Auch das Schreiben der Karteikarten zu diesem Buch ist geistige Anregung in Verbindung mit dem täglichen Wiederholen oder späterem Ergänzen und neu sortieren.

Ebenso ist Bewegung geistiges Training für den Denkapparat. Egal, welches Bewegungstraining wir machen (außer Spazierengehen), fordert dies eine gewisse physiologische Vorbereitung und geistige Konzentration. Bei vielen Sportarten ist es wichtig, die Bewegungsabläufe mit den Atemtechniken zu koordinieren sowie bewusst und konzentriert durchzuführen. Dann haben wir körperliche und geistige Bewegung in einem Abwasch.

Energie durch Eiweiß

Verspeiste Eiweiße zerlegt der Körper in Aminosäuren. Diese haben viele Aufgaben und dienen auch der Energieversorgung der Zellen. Die Leber kann aus den vorhandenen Aminosäuren die Fehlenden zaubern. Es gibt acht Aminosäuren, die für den Organismus notwendig (essentiell) sind. Diese kann die Leber nicht bilden und müssen über Lebensmittel aufgenommen werden. Sie sind in Fleisch, Fisch, Eiern, Milch- und pflanzlichen Produkten enthalten.

Tierische und pflanzliche Proteine unterscheiden sich in ihrer Zusammensetzung. Tierisches Eiweiß in Aminosäuren zu zerlegen, kostet dem Organismus erheblich mehr Verdauungsarbeit. Für Menschen mit einem geschwächten oder kranken Verdauungssystem kann dies zum Problem werden, weil unverdaute Proteine im Dickdarm landen. Dort werden sie von Bakterien zu Gasen umgebaut. So können Giftgasangriffe entstehen, aber auch durch Pflanzen, wenn deren dichtes Zellulosegerüst nicht durch ausgiebiges Kauen zerkleinert wird.

Die biologische Proteinwertigkeit von pflanzlichen Lebensmitteln steht den tierischen Proteinen in nichts nach. Biologische Wertigkeit heißt Qualität und nicht Quantität.

Eine Kartoffel zum Beispiel enthält nur ca. 2% Protein. In diesen 2% sind jedoch alle acht notwendigen Aminosäuren enthalten, die zudem noch dem menschlichen Proteinverhältnis sehr ähnlich sind. Die Proteinwertigkeit einer Kartoffel gleicht damit der eines Eies.

Weitere sehr gute pflanzliche Proteinquellen sind *Gemüse, grüne Blattsalate, Getreide, Pilze, Hülsenfrüchte, Kürbiskerne, Sonnenblumenkerne, Sesam, Nüsse und Algen*. Von den Getreiden haben *Hafer, Quinoa und Amaranth* eine hohe biologische Wertigkeit. Andere Getreidesorten sollten mit Hülsenfrüchten verzehrt werden, um den Mangel an der Aminosäure Lysin auszugleichen.

Pflanzliche Eiweiße verbessern den Stoffwechsel und verbrennen mehr Kalorien. Durch Erhitzen werden sie denaturiert und sind leichter verdaulich. Die wertvollen Aminosäuren bleiben jedoch erhalten. Um aber auch von den Vitaminen und Enzymen der Pflanzen zu profitieren, sollten wir kalt und warm mischen.

Insgesamt ist es sehr einfach, sich ausreichend mit den nötigen Proteinen zu versorgen: ein Frühstücksmüsli aus Haferflocken oder aus den Pseudogetreiden oder von jedem etwas mit ein paar Nüssen und Früchten, Kürbis- oder Sonnenblumenkerne als Knabberei zwischendurch und zum Steak gerne noch einen grünen Feldsalat. Auch naturbelassene Erdnüsse haben ein sehr gutes Aminosäureprofil.

Mit einer Eiweißdiät abnehmen zu wollen, ist nicht nur überflüssig, sondern ebenso schwachsinnig wie «low-carb». Eiweißdiäten empfehlen hauptsächlich mageres Fleisch, Fisch, Milchprodukte wie fettreduzierter Käse, Joghurt usw. Statt Fett kommen viele Kohlenhydrate wie Nudeln, Reis, Kartoffeln und Brot auf den Teller. Sie wissen bereits, was daran verkehrt ist: Im Fleisch und Fisch fehlen die durch Erhitzen abgetöteten Enzyme, die schnellen Kohlenhydrate treiben den Blutzuckerspiegel hoch, insgesamt fehlen Ballast- und Vitalstoffe und zu Milchprodukten habe ich mich bereits zur Genüge ausgelassen.

Wenn bei einer eiweißreichen Ernährung auch noch Präbiotika fehlen, vergären Proteine im Darm vollständig. Für die Gesundheit ist es wenig optimal, seine Ernährung nur auf Proteine auszulegen.

In Fertignahrung wird der Proteinanteil mit viel Zucker und schlechtem Fett «verdünnt». Wenn auf der Packung «reich an Protein» steht, ist der Industrie ein bewusster Druckfehler unterlaufen. Der Hunger nach Proteinen wird nicht gestillt und wir verzehren viel mehr die schädlichen Zutaten.

Vegetarier und Veganer ernähren sich in der Regel bewusst, vielseitig und gesund. Sie sind deshalb mit pflanzlichen Proteinen gut und ausreichend versorgt.

Gedanken sollten sich allerdings einige Sporttreibende machen – und zwar um eine Proteinüberversorgung. Da werden Eier, Fleisch, Quark und Kartoffeln gegessen, ein bis zwei Proteinshakes mit Milch getrunken und möglichst kommen noch Aminosäuren als Nahrungsergänzung oben drauf. Natürlich variiert der Eiweißbedarf je nach Sportart und Mensch. Grundsätzlich gilt aber für Normalsportler, dass Muskelmasse und Ausdauer durch Training und Belastungssteigerung aufgebaut werden und nicht durch (zusätzliches) Eiweiß.

Der Organismus kann nur geringe Mengen an Proteinen verwerten. Es ist also sinnvoll, den Eiweißverzehr über den Tag zu verteilen. Ein Proteinüberschuss ist sogar gesundheitsschädlich. Proteine übersäuern den Körper. Mit den fatalen Folgen einer Übersäuerung werde ich Sie noch konfrontieren. Dauerhaft zu viele Proteine in sich aufzusaugen, kann die Entstehung einer Osteoporose begünstigen, da dann Calcium verstärkt mit dem Urin ausgeschieden wird.

Beim Abbau der Aminosäuren entsteht eine hoch giftige Substanz: Ammoniak. Um das Gift auszuscheiden, werden Harnstoff und Harnsäure gebildet. Die Nieren können überlasten, wenn der Proteinverzehr dauernd übertrieben wird. Wenn Harnsäure nicht mehr ausgeschieden werden kann, muss der Organismus sie im Körper einlagern. Hierdurch können Gichtanfälle entstehen. Eine proteinreiche Ernährung kann Herz-Kreislauf-Erkrankungen, Rheuma und Nierenschäden verursachen.

Energie durch Fett

Fett, welches wir mit Lebensmitteln aufnehmen, ist nicht per se schlecht. Fette aus Nahrungsmitteln schon. Fett aus Lebensmitteln ist ein unverzichtbarer Baustoff für jede Zelle, für das Gehirn und für die Nerven. Fette geben uns Energie und dem Körper Nährstoff. Die Vitamine A, D, E und K lösen sich nur durch Fett. Fett gibt dem Essen Geschmack und macht satt.

Cholesterin v/s Light-(Leid-) Produkte

Schon lange haben viele Menschen hohe Cholesterinwerte. Und schon blinkte bei der Industrie das Dollarzeichen auf. Fettreduzierte Produkte mussten her und der «Light-Wahn» war geschaffen. Uns wird vorgegaukelt, Fett sei schlecht, mache dick und erhöhe die Blutfette. Man solle also lieber zur Light-Margarine als zur Butter greifen. Durch die gesättigten Fettsäuren in der Butter würde das Cholesterin im Blut steigen und die Arterien verstopfen. Nur erzählt man uns nicht, dass Cholesterin lebenswichtig ist. Es ist Bestandteil unserer Zellmembran und dient als Reparatur- und Baustoff. Auch Risse an den Arterienwänden werden durch Cholesterin gekittet und Nervengewebe und Organe mittels Cholesterin isoliert. Ohne Cholesterin kann die Galle Fett nicht verdauen. Vitamin D kann ohne Cholesterin nicht hergestellt werden.

Vor allem erzählt man uns nicht, dass der Körper etwa 90% des Cholesterinbedarfs ohnehin selbst produziert. Nur der kümmerliche Rest gelangt über die Nahrung in den Körper.

Unser Organismus verfügt über ein Nachrichtensystem. Wenn Risse in den Arterienwänden entstehen, erfährt dies die Leber und produziert Cholesterin. Je mehr Risse, desto mehr Cholesterin. Wir bekommen also keine Arteriosklerose, wenn wir auf unserem Brot Butter statt Margarine verwenden. Wir müssen überhaupt keine Light-Produkte zu uns nehmen. Diese dienen einzig und allein, den Geldbeutel der Hersteller aufzublähen. Für uns sind sie schlecht, weil das fehlende Fett durch ungesunde Zusatzstoffe ausgeglichen wird, um einen einigermaßen guten Geschmack zu erzielen.

Unser Cholesterinspiegel wird auch nicht durch fettes Fleisch und Eier hochgetrieben. Wenn Ihr Arzt Ihnen so etwas erzählt haben sollte: absoluter Humbug. Vielleicht haben Sie sogar die Butter auf den Brötchen weggelassen? Sie hätten es umgekehrt machen müssen: die Butter essen und die Brötchen weglassen. Warum? Die Kohlenhydrate (das Brötchen aus Weißmehl und Zucker) werden in Blutfette umgebaut und lassen den Blutzuckerspiegel schnell steigen. Essen wir zu häufig ungesunde Kohlenhydrate, können die Arterien überlasten.

Auch Magnesiummangel macht die Arterien starr und unelastisch und damit anfällig für Risse. Ist zu wenig Vitamin C im Körper, stellt der Körper noch mehr Cholesterin her, um die Risse zu reparieren. Risse entstehen auch durch oxidativen Stress.

All dieses kann durch eine gesunde Lebensweise mit viel natürlicher Kost, Bewegung und weniger Stress ausgeglichen werden. Ein Verzicht auf Fett ist jedenfalls keine gute Lösung.

In Ernährungskursen wird immer wieder die Frage gestellt: „Was ist besser – Butter oder Margarine?" Mir ist unbegreiflich, wie unterschiedlich die Antworten der Möchte-Gern-Ernährungsberater ausfielen. Einige waren bei der Butter, andere bei der Margarine und der

Rest war bei «egal» oder «was Sie lieber mögen». «Keine Ahnung» zu sagen, wäre wenigstens ehrlich gewesen.

Meiner Mutter war noch bekannt, dass Butter ein Alleskönner ist. Sie hat mir Dummchen noch im Erwachsenenalter gepredigt: „Kind, esse doch Butter und lass die Margarine weg. Das ist gut für die Nerven und du bleibst gesund." Sie hat es kurz formuliert, aber tatsächlich wirkt sich der Verzehr von Butter positiv auf den gesamten Organismus aus.

Beim Kauf von Butter sollte man allerdings auf Qualität setzen. Butter sollte ein Biosiegel tragen und nicht von Kühen aus Massentierhaltung stammen. Glückliche Kühe, die im Sommer weiden dürfen und im Winter das gemähte Heu bekommen, machen auch uns Menschen glücklich. Denn dann ist Butter ein ganz besonderes Lebensmittel mit sehr vielen verschiedenen Fettsäuren und Vitaminen. Darunter auch die fettlöslichen Vitamine A, E und K. Wie praktisch: die Vitamine und das Lösungsmittel Fett gleich mit dabei☺

Low Fat oder light ist *in*, sollte für Sie aber *out* sein. Und zwar auch dann, wenn Sie abnehmen wollen. Denn diese Produkte enthalten oft mehr Zucker, der eher dick macht als Fett. Die Light-Produkte verführen uns außerdem, davon mehr zu essen. Und dann wundern wir uns, wenn wir nicht abnehmen. Eventuell erhöht sich das Gewicht noch um ein paar Gramm, weil sich durch fettarme Ernährung Gallensteine gebildet haben. Die Aufgabe der Gallenblase besteht in der Aufspaltung der Fette. Sie braucht und möchte Fett, damit sie zu tun hat und gesund bleibt.

Und was ist mit Statine?

Statine (Cholesterinsenker) zählen zu den meist verordneten Medikamenten und sind für die Pharmaindustrie eine Goldgrube. Sämtliche Bevölkerung solle Statine zum Bestandteil der täglichen Versorgung machen. Deshalb senkt man stetig die Cholesterin-Zielwerte, so dass ein langes Leben ohne Statine für jeden Menschen undenkbar scheint. Wer die Zielwerte überschreitet, erleide ohne Statine einen Herzinfarkt. Statine hätten so gut wie keine Nebenwirkungen – im Gegenteil: sie rühmen sich mit positiven Effekten. Sie beseitigen Entzündungen, schützen die Darmflora und vor Krebs und minimieren das Sterberisiko bei Covid-19. Statine sind also die Superpille! Auch wenn nicht nötig (bei niedrigen Cholesterinwerten) sollten wir alle Statine einnehmen.

Ich denke, Sie haben mich durchschaut: Ich veräppele nicht *Sie*, sondern habe soeben die Pharmaindustrie und die Wissenschaftler durch den Kakao gezogen. Statine bewirken von all dem, was uns vorgegaukelt wird, das Gegenteil! So ergab zum Beispiel eine Studie, dass Statine das Risiko für Brustkrebs erhöhen. Es ist nicht nötig, Ihnen alle Studienergebnisse zu nennen. Diese Studien der Pharmaindustrie sind so nutzlos wie eine Zecke. Man hat festgestellt, dass Pharmaunternehmen Studien bezuschusst haben und das wohl kaum, um die negativen Wirkungen der Statine aufzuzeigen.

Auch ich hatte früher zu hohe Cholesterinwerte und bekam Statine verschrieben. Ärzte sind damit schnell bei der Hand und empfehlen selten eine Veränderung des Lebensstils. Und für den Patienten ist es immer einfacher, eine Pille zu schlucken. Durch mein Studium lernte ich die Risiken kennen, welche sich mit Muskelschwäche, Leber- und Nierenversagen, Diabetes und Grauen Star äußern können – um nur die Wesentlichen zu nennen. Ich lernte aber vor allem, das nicht Cholesterin der verantwortliche Übeltäter für Arteriosklerose ist. Ich begriff die Sinnlosigkeit der Statine und verstand die wirklichen Ursachen des erhöhten Cholesterins. Ich konnte die Statine absetzen, weil ich mich heute ganz anders ernähre und aktiver bin. Das soll für Sie nur ein Beispiel sein, was man mit einer gesünderen Lebensweise erreichen kann. Aber mein Hinweis: Medikamente immer nur nach ärztlichem Abnicken absetzen! Es gibt sicher Menschen, bei denen die Einnahme der Statine nötig ist.

Nun wissen Sie, dass Sie Fette nicht meiden müssen wie der Vampir den Knoblauch, aber immer noch nicht, wie eine gute Fettversorgung aussehen sollte.

Ran an den Speck mit Fett

Unglaublich, aber wahr: Mit Fett können Sie abnehmen. Es müssen nur die Richtigen sein und Ihr Stoffwechsel sollte funktionieren. Vom Stoffwechsel werde ich noch berichten.

Mit dem Fettverzehr ist es wie mit dem Calcium und Magnesium: Das Verhältnis muss stimmen. Es darf keine der lebensnotwendigen Fettsäuren fehlen, aber auch nicht im Übermaß verzehrt werden. Wir brauchen gesättigte, einfach ungesättigte und mehrfach ungesättigte Fettsäuren. Ich will Sie nicht mit irgendwelchen Verhältnisangaben nerven, denn das ist gar nicht nötig.

Gesunde gesättigte Fettsäuren finden wir in Kokosfett, Palmöl und Butterschmalz (Ghee) sowie in Butter. Dies sind auch die einzigen Fette, die sich zum Erhitzen (Kochen, Braten, Backen) eignen. Alle anderen Fette und Öle sind hierfür nicht nur ungeeignet, sondern sogar schädlich, denn Hitze lässt sie oxidieren und zu gefährlichen Transfetten werden. Olivenöl hat einen höheren Rauchpunkt und ist damit hitzeresistenter. Es sollte aber nicht zum Anbraten verwendet werden.

Für die richtige Versorgung mit einfach und mehrfach ungesättigten Fettsäuren wählen Sie fetthaltige Lebensmittel: Nüsse, Mandeln, Sonnenblumenkerne, Lein- und Hanfsaat, fetten Fisch und Oliven. Oder Sie verwenden die entsprechenden Öle. Lein-, Hanf-, Raps- und Olivenöl haben ein ideales Fettsäureverhältnis. Sonnenblumen-, Distel- und Traubenkernöl haben ein schlechtes Fettsäureverhältnis. Diese Öle sollten Sie nur sparsam oder höchstens als Partner der idealen Öle verwenden.

Wertvoll ist Weizenkeimöl dank seines hohen Gehaltes an Vitamin E. Über dieses Vitamin freuen sich unsere Zellen, denn es schützt sie. Weizenkeimöl ist – äußerlich angewandt - auch ein hervorragendes Haut- und Haarpflegemittel.

In meiner Ernährung verwende ich hauptsächlich Leinöl. Die Zusammensetzung der Fettsäuren im Leinöl ist einzigartig und perfekt. Der regelmäßige Verzehr sorgt gemeinsam mit einer gesunden Lebensweise für einen normalen Cholesterinspiegel. Leinöl versorgt uns mit Omega-3- und Omega-6 Fettsäuren. Ein bis zwei Esslöffel Leinöl am Tag sind ausreichend. Ich begnüge mich mit einem Esslöffel, den ich pur einnehme. Zusätzlich gebe ich etwas Leinöl in Salate oder ins Müsli. Mit einer Handvoll Mandeln oder Nüssen als Knabberei zwischendurch oder am Abend bin ich gut versorgt.

Ihr Brot können Sie mit Butter bestreichen, auch wenn es sich hierbei um ein Milchprodukt handelt. Butter ist tatsächlich vorteilhafter als Milch. Oder Sie verwenden das Fleisch einer Avocado als Aufstrich. Die Avocado enthält reichlich gesunde Fettsäuren und in ihr tummeln sich so viele Vitamine und Mineralstoffe wie in keiner anderen Frucht.

Bei Übergewicht wird wegen des hohen Fettgehaltes oft von dem Verzehr abgeraten. Richtig ist aber, dass die gesunden Fette der Avocado bei Adipositas (Fettleibigkeit) hilfreich sein können, sofern die weitere Ernährung stimmt. Auch bei Fettleber, Arthrose, Asthma, COPD (chronische Lungenerkrankung) und Sodbrennen ist der Verzehr der Avocado empfehlenswert.

Wenn wir unseren Körper mit gesättigten und ungesättigten Fettsäuren in einem vernünftigen Verhältnis beglücken, belohnt er uns mit folgenden gesundheitlichen Vorzügen:

- Flexible Blutgefäßwände
- Rote Blutkörperchen (Erythrozyten) behalten ihre Verformbarkeit
- Bessere Durchblutung
- Senkung des Blutdrucks
- Reduzierung des Herzinfarkts-, Schlaganfall-, Diabetes- und Thrombose-Risikos
- Verringerung von Entzündungen
- Vorbeugung gegen Demenz und Alzheimer
- Verbesserung der Konzentrationsfähigkeit und Stimmung (hilfreich bei Depressionen)

Fischölkapseln fressen keine Algen

Was steckt eigentlich hinter den hoch gepriesenen Omega-3-Fettsäuren in Fischölkapseln? Es verhält sich ähnlich wie mit der Milch. Die Industrie narrt uns, mit Fischölkapseln viel für die Gesundheit zu tun. Im Fischöl stecke jede Menge der wichtigen Fettsäuren EPA (Eicosapentaensäure) und DHA (Docosahexaensäure). Denn nur Fische würden diese Fettsäuren bilden. DHA muss von Fischen jedoch über Mikroalgen und Plankton aufgenommen werden, selbst bilden können sie es nicht! Wie aber sollen Fische in Aquakulturen etwas aufnehmen, was nicht da ist? Denn chemische Zusätze verhindern das Algenwachstum. Ausnahmen bilden einige Öko-Kulturen. Fischölkapseln sind also nicht die Lösung. Wer Omega-3-Fettsäuren als Nahrungsergänzung benötigt, sollte auf Algenöl zurückgreifen.

Studien konnten eine Wirkung von Fischölkapseln bisher nicht belegen. Wissenschaftler vermuten, dass es an der fehlenden Furansäure liegt, die Fische nur bilden, wenn sie Algen fressen. Wenn Sie über ein Präparat jubeln sollten, dem Vitamin E zugesetzt wurde, haben Sie einen möglichen Krebsauslöser als Gratisbeilage mit dabei. Synthetisches Vitamin E steht in Verdacht, krebserregend zu sein! Den Öl-

Kapseln wird gerne Vitamin E zugefügt, um dem Verbraucher längere Haltbarkeit vorzugaukeln. Isoliertes Vitamin E verhindert aber nicht die Oxidation von Fischöl.

EPA finden wir in allen Lebewesen, größere Mengen in fettem Fisch. Unser Körper kann einen Teil der DHA und EPA selbst herstellen. Dazu benötigt er Alpha-Linolensäure, die wir in pflanzlichen Ölen finden.

Transfette

Transfettsäuren nutzen ihre ähnliche Struktur zu den gesunden Fettsäuren schamlos aus, denn der Organismus fällt auf diese Doppelgänger herein und baut die Transfette fleißig überall ein, bis hin in die Gehirnzellen. Damit nicht genug: Sie besetzen die «Schlüssellöcher» der Zellen, so dass gesunde Fettsäuren nicht mehr eintreten können. Versuchen Sie mal, einen Schlüssel in ein Schlüsselloch zu stecken, in welchem schon ein Schlüssel steckt.

Wenn Transfettsäuren im Übermaß verzehrt werden, richten sie enormen Schaden an. Unser Organismus bekommt nicht mehr genügend Omega-3- und Omega-6-Fettsäuren, so dass wir einen Mangel erleiden und viele Krankheiten bekommen können. Zudem werden die Zellen durch Transfette starr und unbeweglich. Da sie auch in Hirnzellen eingebaut werden, kann ein jahrelanger und übermäßiger Verzehr ursächlich für Demenz, Alzheimer, Parkinson und ähnlichen Erkrankungen sein. Die Bösewichter lassen sich kaum abbauen und beeinträchtigen irgendwann viele Körperfunktionen.

So entstehen Transfettsäuren:

- durch chemische Verarbeitung von pflanzlichen Ölen, damit ein streichfähiges Fett entsteht, zum Beispiel Margarine,
- durch Erhitzen flüssiger Öle,

- durch Rösten von Nüssen,
- durch Backen von Nussbrot,
- durch die Verarbeitung zu Industrie- und Fertignahrung (auch Kantinen-, Krankenhaus-, Heim- und Gastronomiekost),
- Sauerstoff und Licht lassen ungesättigte Fettsäuren oxidieren und zu Transfetten werden,
- gehärtete, teilweise gehärtete und pflanzliche Fette sind Transfettsäuren. Wenn auf der Zutatenliste der Margarine „pflanzliche Fette" angegeben ist, handelt es sich um Transfette.

Milch-, Fleisch- und Fischprodukte enthalten von Natur aus Transfette. Der Anteil ist allerdings gering, so dass wir bei einem moderaten Verzehr keine gesundheitlichen Nachteile erleiden.

Multitalent Kokosöl

Kokosöl darf als Multitalent nicht fehlen, denn es wirkt wie ein Antioxidans, weil es widerstandsfähig gegen freie Radikale ist und die Oxidation anderer Öle verhindern kann. Die weiteren vielen Begabungen erfahren Sie in diesem Abschnitt.

Kokosöl ist eine gesättigte Fettsäure, die bei Erhitzung nicht oxidiert und nicht zu einem gefährlichen Transfett wird. Viele von Ihnen werden vielleicht gehört oder gelesen haben, Kokosfett sei schlecht. Tatsächlich gibt es Studien, die zu dem Ergebnis führten, dass Kokosfett den Cholesterinwert und damit das Risiko für Herz-Kreislauf-Erkrankungen erhöhen soll. Bei Studien sollte man aber immer schauen, wie diese durchgeführt wurden. Wenn ein Kaninchen mit hohen Mengen an Fett gefüttert wird, erleidet es natürlich Herzerkrankungen. Denn Kaninchen sind Pflanzenfresser und ihr Verdauungstrakt ist auf frische Pflanzen und Gräser ausgelegt und nicht auf Schweinebraten. Wenn Menschen ausschließlich Kokosfett verzehren, jedoch nicht die essentiellen Fettsäuren, kann das ebenso wenig funktionieren. Es ist, als hätte Ihr Auto zwar Benzin, aber kein Motoröl. Ein Motorschaden wäre die Folge. So kommt es auch bei uns Menschen ohne die nötigen und richtigen Fette zu gravierenden Gesundheitsschäden.

Aber nun! Das alles kann Kokosöl:

- Kokosöl bietet nicht nur Schutz vor Herz-Kreislauf-Erkrankungen, es kann diese sogar heilen, da es das Herz und die Arterien vor unliebsamen Eindringlingen (Bakterien, Viren, freie Radikale) schützt sowie Risse und Verletzungen an den Gefäßwänden repariert. Auf diese Weise senkt Kokosöl den Cholesterinspiegel.

- Kokosöl unterstützt die Bauchspeicheldrüse und reinigt Leber und Nieren.

- Kokosöl enthält Laurinsäure, welche Viren und Bakterien unschädlich machen kann. Laurinsäure ist daher auch als Ergänzungsmittel unter der Bezeichnung Lauricidin erhältlich.

- Kokosöl hilft bei innerlichen und äußerlichen Pilzerkrankungen durch die enthaltene Caprylsäure. Bei Haut- oder Nagelpilz sollte es innerlich und äußerlich angewendet werden.

- Die mittelkettigen Fettsäuren im Kokosöl wirken wie ein natürliches Antibiotikum. Versuchen Sie bei dem Anflug einer Erkältung drei Mal täglich 2 – 3 Esslöffel einzunehmen. Sie können das Kokosfett auch in einem lauwarmen Getränk mit Vitamin C-Gehalt auflösen, wenn Sie es pur nicht mögen.

- Kokosöl wehrt Parasiten ab, zum Beispiel Würmer. Es kann deshalb bei Ihrem Haustier eingesetzt werden. Geben Sie ein paar Tropfen ins Futter und schauen, ob Ihr Tier es frisst. Bei Menschen ist es – äußerlich angewandt – ein hervorragendes Zeckenschutzmittel.

- Beim Menschen wirkt Kokosöl selbstverständlich auch gegen Fäulnisbakterien und Pilze im Darm.

- Kokosöl liefert Selen. Selen ist ein wichtiges Spurenelement und wirkt antioxidativ.

- Kokosöl enthält Treibstoff für das Gehirn, die 3-Hydorxybutansäure. Diese unterstützt die Tätigkeit der Antioxidantien (Multitalent hilft Multitalenten). Die Anzahl der Kraftwerke (Mitochondrien) wird erhöht, welches wiederrum zum Wachstum neuer Gehirnzellen führt.

- Kokosöl lässt sich als Haut- und Haarpflegemittel verwenden. Es heilt auch kranke Haut (Neurodermitis, Schuppenflechte, Ekzeme, Milchschorf, Schwangerschaftsstreifen, Cellulite, Ausschlag, Rötungen, Sonnenbrand, Akne, Pickel).

- Bei leichten Verletzungen oder Abschürfungen ist Kokosöl ein natürliches Wundheilmittel.

- Kokosöl stoppt Nasenbluten. Etwas Fett in das betroffene Nasenloch geben.

- Kokosöl verhindert das Austrocknen der Nasenschleimhäute. Geschmeidige Schleimhäute schützen vor Erkältungen und die antivirale Wirkung des Kokosöls vernichten Eindringlinge, bevor sie unseren Körper erreichen.

- Kokosöl regt den Stoffwechsel an. Der Körper verwendet es als Energie und lagert es nicht als Fett ein. Es hilft deshalb beim Abnehmen oder das Gewicht zu halten.

- Kokosöl unterstützt die Aktivität der Schilddrüse.

- Kokosöl bremst Heißhungerattacken.

- Kokosöl eignet sich zum Ölziehen, hellt die Zähne auf und tötet Bakterien in den Zahnzwischenräumen. Kokosöl lässt sich auch als Zahnpasta verwenden.

Ist die Liste lang genug für ein Multitalent? Ich denke doch, zumal sie noch nicht einmal vollständig ist.

Kokosöl enthält alle Aminosäuren, die der Körper nicht selbst bilden kann. Es ist reich an Magnesium, Kalium, Phosphor, Mangan, Zink, Eisen, Kupfer, Vitamin E, Vitamin K und Selen. Dieses Nährstoffprofil erklärt die wunderbare Wirkung, die aber nur bei nativem und kaltgepressten Öl gegeben ist.

Mögen Sie gerne mal ein Schmalzbrot? Kokosfett ist eine tolle Alternative statt ungesundes Schweineschmalz. Verwenden Sie es entweder pur und bestreuen es mit Salz, Kräutern, Röstzwiebeln oder Kurkuma mit etwas schwarzem Pfeffer. Wenn Sie es erhitzen, können Sie sich eine Mischung nach Ihrem Geschmack bereiten. Die Masse wird streichfähig, sobald sie abgekühlt ist.

Kokosfett können Sie ebenso als Butterersatz verwenden. Dies ist besonders für Veganer geeignet.

Skeptiker unter Ihnen werden sich fragen, weshalb Kokosfett nicht im medizinischen Bereich verwendet wird, wenn es doch sogar Viren zerstören kann und ein natürliches Antibiotikum darstellt. Die Antwort ist denkbar einfach: Es ist leicht verfügbar und zu billig! Die Pharmaindustrie ist desinteressiert, weil sie daran nicht genug verdient. Traurig, aber wahr: Bereits seit den 80-er Jahren ist bekannt, dass die Laurin- und Caprinsäure im Kokosöl Viren angreift, zerbricht und damit tötet. Studien mit HIV-Patienten ergaben, dass die Viruslast (Anzahl der Viren im Blut) nur allein durch Kokosöl soweit sank, dass keine Viren mehr nachweisbar waren. Die Pharmaindustrie aber hat kein Interesse, Forschungsprojekte zu finanzieren, die zu wenig einbringen. Lieber werden teure Medikamente mit vielen Nebenwirkungen für die Betroffenen hergestellt.

Ein weiteres Beispiel ist das Bakterium «Helicobakter pylori». Dieses Bakterium macht es sich im Magen gemütlich. Noch nicht einmal die Salzsäure kann ihm etwas anhaben. Ein Befall kann zu schweren Darmerkrankungen und einem Magengeschwür führen. Bei vielen Betroffenen ist eine Medikamentengabe wirkungslos. Auch hier haben Forschungen durch die Gabe von Kokosöl zur Heilung geführt. Und auch hier ist die Pharmaindustrie teilnahmslos. Dieses waren nur mal wieder zwei Beispiele, was die Industrie mit uns Menschen treibt.

Bei der wunderbaren Wirkung denken Sie aber nicht, sich mit Ihrem Glas Kokosfett gemütlich auf dem Sofa nieder zu lassen, in der Annahme, dass Sie abnehmen, keine Krankheiten mehr bekommen und alles wie von selbst läuft. Auch das Kokosfett ist nur ein Teil des Ganzen.

Antibiotika und Arachidonsäure

Antibiotika verschreibt der Arzt uns bei einer Entzündungserkrankung, die durch Bakterien verursacht wurde. Gegen Viren wirken Antibiotika nicht. Sie wissen, was Antibiotika mit unseren Friedhelms, Friedolins und Friedrichs anstellen. Da diese lieben Mitbewohner auch Bakterien sind, werden sie gleich mit abgemurkst. Fatal für unser Immunsystem!

Arachidonsäure ist eine ungesättigte Omega-6-Fettsäure. Was soll die Säure mit Antibiotika zu tun haben? Ganz viel! Indem wir Lebensmittel mit Arachidonsäure reduzieren, können Antibiotika überflüssig werden.

Doch von vorne: Zunächst einmal ist Arachidonsäure nicht per se schlecht. Im Gegenteil – sie ist für viele Körperfunktionen notwendig. Schließlich ist sie schon in der Muttermilch enthalten und der Körper stellt sie aus Linolsäure selbst her. Also hat sich mal wieder die Evolution um die Versorgung gekümmert. Die Kehrseite der Medaille ist, dass Arachidonsäure Brennstoff für Entzündungsherde bildet. Es ist, als gieße man Benzin in ein schon loderndes Feuer.

Sofern Sie von akuten Entzündungskrankheiten heimgesucht werden, sollten Sie Lebensmittel mit Arachidonsäure und Linolsäure vorübergehend meiden.

Antibiotika können Ihnen erspart bleiben. Ich habe es ausprobiert und der Bakterienmörder ist bei mir seitdem Geschichte. Treten Entzündungen regelmäßig auf, überdenken Sie Ihren dauerhaften Verzehr solcher Lebensmittel. Dabei spielt es keine Rolle, ob es sich um eine Mittelohrentzündung, eine Blasenentzündung oder eine Entzündung im Kniegelenk handelt. Entzündung bleibt Entzündung und Arachidonsäure packt immer Zündstoff drauf.

Bei chronischen Entzündungskrankheiten reduzieren Sie Lebensmittel mit Arachidonsäure und Linolsäure dauerhaft.

Sie werden damit Erfolge erzielen und Schmerzen lindern oder vollständig beseitigen. Die häufigsten chronischen Entzündungskrankheiten sind Arthrose, Arthritis, Rheuma, Gicht, Morbus Crohn, Colitis ulcerosa, Hashimoto, aber auch Parodontitis, Neurodermitis, Multiple Sklerose, chronische Blasen- und Nasennebenhöhlenentzündung zählen dazu.

Arachidonsäure kommt in tierischen Fetten und Linolsäure in fast allen pflanzlichen Fetten und Ölen vor. Also doch gar kein Fett mehr verzehren? Ich kann Sie beruhigen. Entscheidend sind auch hier Fette mit dem richtigen Fettsäureverhältnis. Das sind Fette, die nicht entzündungsfördernd oder sogar entzündungshemmend wirken.

Diese Nahrungsmittel sollten Sie bei Entzündungserkrankungen reduzieren oder streichen:

- jegliche Fertignahrung
- Schwein (besonders entzündungsfördernd), Kalb, Pute, Ente, Wurst, Eier, fetter Käse
- Weizenprodukte
- Milch, Milchprodukte
- Paranüsse
- alles Zuckerhaltige
- Sonnenblumenöl, Distelöl, Kürbiskernöl, Sojaöl, Maiskeimöl, Traubenkernöl, Margarine

Stattdessen bevorzugen Sie

- Rind, Huhn, Lamm (wenn auf Fleisch nicht verzichtet werden kann)
- Seefisch

- Gemüse
- wenig zuckerarmes Obst und Beeren
- Mandeln, Pecanüsse, Haselnüsse, Walnüsse, Macadamianüsse
- Leinsamen, Chiasaat, Hanfsaat, Pinienkerne
- Avocados, Kokosnuss, Oliven
- Olivenöl, Rapsöl, Hanföl, Leinöl, Leindotter Öl, Perillaöl, Kokosfett
- Butter in moderaten Mengen
- Kurkuma (schwarzen Pfeffer dazu nicht vergessen), Chili, Ingwer
- Brokkolisprossen
- Kräuter

Und natürlich trägt eine basenüberschüssige Ernährung zur Eindämmung von Entzündungsherden bei. Diese werden Sie noch kennenlernen. Damit reduzieren Sie langsam aber stetig auch Bauchfett. Denn Bauchfett produziert Hormone, die noch mehr Benzin in die Brandstelle gießen. Ins Päckchen gehört selbstverständlich auch Bewegung, denn die lindert ebenfalls Entzündungen. Und wie sollte es anders sein: Stress schüttet Entzündungsbotenstoffe aus. Also auch immer schön entspannen.

Durch Entzündungserkrankungen kann die Leber geschwächt sein. Dann ist die Umwandlung in EPA und DHA eingeschränkt oder funktioniert gar nicht mehr. Dies kann die Einnahme von Algenöl als Nahrungsergänzung erforderlich machen. Bitte klären Sie das mit Ihrem Arzt und auch, ob die Zugabe von Magnesium angebracht ist. Erinnern Sie sich? Magnesium hemmt Entzündungen.

Essen ohne zunehmen

Viele Menschen fragen sich, wieso einige essen können, soviel sie wollen und dabei nicht zunehmen. Andere haben das Gefühl, sie werden dick, wenn es beim Nachbarn nach Rouladen und Rotkohl riecht. Wie können wir abnehmen und dauerhaft unser Gewicht halten und zwar ohne zu hungern, ohne Diät und ohne Kalorienzählen? Die Lösung: den *Stoffwechsel* ankurbeln. Wenn der Stoffwechsel funktioniert, werden Gewichtsprobleme und Diäten zu Fremdwörtern. Jene unter Ihnen, die jetzt resigniert den Kopf schütteln, weil Sie Ihr Übergewicht auf eine bestehende Krankheit oder Störung mit der dazugehörigen Medikamentengabe schieben, sollten sich erst recht an die Vorschläge dieses Buches halten. Fettleibigkeit ist kein unabwendbarer Schicksalsschlag, sondern das Ergebnis einer ungesunden oder falschen Lebensweise. Ausnahmen gibt es natürlich immer. Betroffene mögen sich also nicht auf den Schlips getreten fühlen, sollten aber trotzdem versuchen, einiges zu verändern. Vielleicht macht sich doch eine Besserung bemerkbar.

Das Wort Stoffwechsel für die Vorgänge in unserem Körper ist nicht ganz korrekt und passt nur für unseren Klamottenwechsel. Es müsste «Stoffumwandlung» heißen. Den Körperstoffwechsel nennt man auch Metabolismus. Dieses Wort kommt aus dem griechischem und bedeutet übersetzt Umwandlung / Veränderung. Die Nährstoffe aus unserer Nahrung wandelt der Körper so um, dass er sie für die jeweiligen Zwecke verwerten kann. Kohlenhydrate werden zu Glucose, Fette zu Fettsäuren und Eiweiße zu Aminosäuren. Es gibt noch viele Hunderte mehr. Bei der Umwandlung entstehen auch Abfallstoffe, die der Körper besser nicht behalten sollte. Bei einem intakten Stoffwechsel werden diese ausgeschieden. Stoffwechsel bedeutet also: Essen – Verwerten – Ausscheiden.

Bei Stoffwechselstörungen oder Überlastung der Ausleitungsorgane werden die Abfallstoffe jedoch nicht mehr ausreichend ausgeschieden, sondern eingelagert. Eingelagerte Abfallstoffe nennt man Schlacken. Der Körper wird zur Gift- und Mülldeponie. Dann funktioniert nichts mehr so, wie es sollte.

Sie kennen den Begriff «entschlacken». Es gibt auch Entschlackungskuren. Diese sind äußerst wirkungsvoll - nämlich für die Entschlackung Ihres Geldbeutels. Besser ist es, den Stoffwechsel durch eine gesunde Lebensweise anzukurbeln. Lassen Sie die drei Spielgefährten Bewegung, Entspannung und Ernährung zusammen spielen.

Dick werden wir, wenn wir zu viele leere Kalorien zu uns nehmen. Diese werden in Fett umgewandelt und in den Fettzellen eingelagert. Dann haben wir das Vergnügen, unser eigenes übergroßes Sitzkissen ständig bei uns zu haben.

Leere Kalorien bestehen aus isolierten Kohlenhydraten wie Nudeln, Reis, helle Backwaren, Zuckerwaren und Softdrinks. Von diesen Dingen haben 1.000 Kalorien eine andere Wirkung als 1.000 Kalorien in Form von komplexen Kohlenhydraten, Eiweiß, Fett und Gemüse, da der Körper letztere mit mehr Energie umwandelt und dafür wiederum Kalorien verbraucht. Deswegen ist Kalorien zählen nicht nur überflüssig, sondern auch ziemlich schwachsinnig.

Für Übergewichtige, die schon oft an Diäten gescheitert sind, liegt die Dramatik in dem geringeren Kalorienverbrauch gegenüber schlanken oder muskulösen Menschen. Den Körper interessiert es nicht, ob der Mensch abnehmen will. Egal, um welche Art von Diät es sich handelte, der Körper hat die Veränderung sehr schnell gemerkt und schaltet um auf Sparflamme. Er will die Energie - soweit es geht – erhalten und drosselt den Stoffwechsel, indem er den Grundumsatz senkt. Unter Grundumsatz versteht man den Kalorienverbrauch in absoluter Ruhe, um alle Körperfunktionen aufrecht zu erhalten. Ist dann irgendwann das Wunschgewicht erreicht und wird wieder normal gegessen, zeigt der Körper uns einen Vogel. Er kalkuliert ein, dass er bald wieder zu wenig versorgt wird und lässt Stoffwechsel und Grundumsatz vorsichtshalber unten.

Wir nehmen nach einer Diät also mehr Kalorien auf, als verbraucht werden. Und schon nehmen wir wieder zu. Dieses ist der sogenannte «Jo-Jo-Effekt». Jenen konnte ich sogar bei einem Arzt beobachten. Der normalerweise etwas füllige Doktor erschien eines Tages spindeldürr im Sprechzimmer und erklärte mir stolz, er habe mal die Kohlenhydrate weggelassen. Inzwischen ist er wieder genauso rundlich wie zuvor.

Wenn Sie Übergewicht abbauen und Ihr Gewicht dauerhaft halten möchten, brauchen Sie Geduld und Disziplin. Geduld, weil eine gesunde Umstellung nicht von heute auf morgen funktioniert. Disziplin, weil Sie so lange am Ball bleiben müssen, bis die Disziplin zur Gewohnheit wird. Wenn die Gewohnheit eingetreten ist, fallen Sie nie wieder in alte Ernährungsmuster zurück. Fangen Sie mit wenig an und erwarten nicht gleich eine blonde Afrikanerin. Kasteien Sie sich nicht selbst, aber ziehen Sie das Wenige dauerhaft und diszipliniert durch.

Wichtig ist einfach nur, dass Sie sich satt essen und möglichst lange satt bleiben. Hunger erzeugt Frust und Frust schlechte Laune. Damit entwickeln Sie kein Durchhaltevermögen. Achten Sie darauf, dass Ihr Körper alle notwendigen Nähr- und Vitalstoffe erhält: komplexe Kohlenhydrate, Eiweiß, Fett, Mineralien, Vitamine, Enzyme und Spurenelemente. Gemüse sollte sich auf dem Teller fett machen. Wenn es naturbelassen ist, dürfen Sie sich davon satt essen, selbst mit einer Buttersoße oder selbstgemachten Hollandaise. Weiße Soße aus Mehl und Milch gehört besser nicht mehr dazu.

Ich verspreche Ihnen: Sie versäumen nichts. Gemüse habe ich früher fast immer mit Mehlschwitze angemacht. Manchmal kommt die

Lust danach noch mal durch und so habe ich kürzlich Kohlrabi mit weißer Soße bereitet. Ergebnis: Es schmeckte mir nicht mehr. Rohe Kohlrabi in Scheiben geschnitten und in Butter oder Kokosfett in der Pfanne bissfest leicht angebräunt mundet mir heute wesentlich besser. Und schneller geht's auch noch.

Schauen Sie, was passiert. Ich weiß es: Sie werden positive Veränderungen wahrnehmen, die Sie motivieren, dass Wenige zu steigern – bis Ihr Stoffwechsel derart angekurbelt ist, dass nicht nur die Pfunde purzeln, sondern Sie Ihr Gewicht halten, ohne zu hungern und Sie energiegeladener und gesünder sind. Sie finden in diesem Buch viele Anregungen für eine gesunde und bessere Lebensweise. Suchen Sie sich das für Sie Geeignete und Umsetzbare heraus. Ich gebe keine Empfehlung, wieviel Sie essen sollten, denn das ist von Mensch zu Mensch verschieden. Jeder hat seine individuellen Bedürfnisse, je nach Geschlecht, Größe, körperlicher Aktivität und Gesundheitszustand. Wichtig ist nur, dass Sie nicht hungern, satt werden und Freude am Essen haben.

Sie sollten sich aber schon an die stoffwechselanregenden Dinge halten. Ich fasse kurz zusammen:

- ausgiebig kauen
- zum Essen nicht trinken, zwischen den Mahlzeiten aber reichlich
- Mandeln naturbelassen und ungeschält sowie Nüsse verzehren
- Ballaststoffe essen
- Kurkuma mit schwarzem Pfeffer in die Ernährung einbinden
- Kokosfett und ungesättigte Öle verzehren
- Bitterstoffe einbinden (folgt noch)
- Regelmäßige Bewegung integrieren

- Lernen, mit Stress umzugehen
- Milch, Milchprodukte, tierische Eiweiße, Zucker, Weißmehlprodukte, gezuckerte und kohlensäurehaltige Getränke sowie Fertigprodukte meiden

Übrigens...

...das größte Organ für den Stoffwechsel
sind unsere Muskeln.
Muskelaufbau- oder Krafttraining steigert den
Kalorienverbrauch sogar im Schlaf.

Wir haben keine Warnleuchten

Für alle Menschen, ob dick, dünn, jung, alt, gesund oder krank, gilt dasselbe: Der Körper braucht die Makronährstoffe Kohlenhydrate, Eiweiße und Fette sowie Mikronährstoffe, Vitamine, Ballast- und sekundäre Pflanzenstoffe in einem ausgewogenen Verhältnis – je nach Individualität jedes einzelnen Menschen. Fehlt etwas davon, gerät der Organismus aus seinem Gleichgewicht.

Ich komme zur Veranschaulichung zurück auf das Beispiel mit dem Auto ohne Motoröl. Ein Auto braucht neben Benzin und Motoröl noch weitere Betriebsflüssigkeiten und Schmierstoffe, damit alles heil bleibt. Seit langem sind Autos mit Warnleuchten ausgestattet, die aufleuchten, wenn etwas fehlt. Neuere Modelle melden alles über den Bordcomputer. Und schnurstracks sorgen wir dafür, dass das Auto mit dem fehlenden Elixier versorgt wird. Schließlich soll ja nichts kaputt gehen. Leider hat die Evolution uns Menschen nicht mit solchen Warnsignalen ausgestattet. Unser Warnsystem sind Krankheiten. Ein Blink-Warnsystem bei uns Menschen wäre nicht verkehrt - zum Beispiel: Achtung – Vitamin C auffüllen!

Ein optisches und akustisches Warnsystem würde viele Menschen wie den Druiden R2-D2 aus Star Wars blinkend und piepend durch die Gegend laufen lassen.

Dabei ist es so einfach, unsere fehlenden Warnleuchten mit unserem Verstand zu ersetzen. Gehen wir mit unserem Körper doch genauso sorgsam um, wie mit unserem Auto, damit wir es überleben und nicht umgekehrt.

DIE Multitalente: Sprossen

Sprossen sind nicht zu toppen! In nur einer Handvoll tummeln sich so viele Nährstoffe wie in 1.000 Stück Gemüse. Deswegen sind sie für «Nicht-Gemüse-Fans» ideal. Nichts ist frischer und lebendiger. Nichts enthält so viele lebendige Enzyme (keine Angst, die krabbeln nicht auf dem Teller rum). Nichts ist so voll mit Vitaminen, sekundären Pflanzenstoffen, Mineralien und Aminosäuren. Nichts ist so preiswert und einfach zu ziehen – Sie brauchen nichts säen, nichts ernten und auch nicht in den Supermarkt. Zwar gibt es teilweise dort auch Sprossen, doch die empfehle ich Ihnen nicht. Durch Transport und Lagerung sind viele Vitalstoffe verloren gegangen.

Sie benötigen lediglich ein oder zwei Keimgläser und Tütensprossen (Saat). Beides erhalten Sie im Bioladen oder online. Für die Keimung größerer Mengen gibt es auch Keimgeräte. Für den Anfang eignet sich aber ein Keimglas am besten, denn die Handhabung ist wunderbar einfach. Etwas Saat und Wasser hinein, Deckel rauf, schwenken, Wasser abgießen, die Saat aufschütteln und auf einen Untersetzer an einem hellen Platz abstellen. Fertig!

Dann dürfen Sie nur nicht vergessen, die Sprossen täglich zu wässern. Die genaue Bedienungsanleitung finden Sie auf dem Beipackzettel des Keimglases. Die Samen haben eine durchschnittliche Keimdauer von vier bis sechs Tagen – je nach Sorte. Einige haben es eilig, andere sind gemächlicher. Die Keimdauer steht auf der Tüte der Saat.

Mit Sprossen beglücken Sie Ihren Organismus mit purer und lebendiger Gesundheit – als Beilage zum Essen, im oder als Salat oder als zusätzlichen Brotbelag. Wegen des hohen Vitalstoffgehaltes sind Sprossen sehr effektiv und Sie brauchen nur kleine Mengen. Lassen Sie sich auch nicht von den wenigen Samen, die nur eben den Glasboden bedecken sollen, täuschen. Mit fortschreitender Keimung vervielfältigt sich die Menge und ähnelt einem verhedderten Wollknäuel mit kleinen Blättern. Sie können Sprossen auch in Schalen mit Erde auf der Fensterbank ziehen. Das Keimen dauert aber länger. Vielleicht eine Alternative für Kinder, die Spaß daran haben.

Sulforaphan

Mir liegt es am Herzen, Ihnen eine ganz besondere Sprossenart vorzustellen: die *Brokkoli-Sprossen*. Ihr hoher Gehalt an Sulforaphan macht sie so einzigartig. Sulforaphan ist ein sekundärer Pflanzenstoff, der den Brokkoli in der Wachstumsphase schützt. Die Sprossen enthalten 50mal mehr Sulforaphan als das Brokkoligemüse.

Sulforaphan
- wirkt antibakteriell und stärkt das Immunsystem
- bekämpft das Bakterium Helicobakter plyori (hartnäckiges Bakterium in der Magenschleimhaut)
- hilft bei Atemwegserkrankungen und Heuschnupfen
- hemmt Entzündungen (Einsatz in größeren Mengen bei Arthrose und Arthritis)
- aktiviert Entgiftung
- beseitigt krebserregende Substanzen und
- verhindert die Zellteilung bereits vorhandener Krebszellen
- ist im Körper vier bis fünf Tage hoch aktiv.

Seit Jahren durchgeführte verschiedene Studien belegen die Wirksamkeit von Sulforaphan bei verschiedenen Krebserkrankungen, sowohl in der Prophylaxe als auch in der Therapie.

Das Brokkoligemüse setzt auch enthaltenes Sulforaphan frei, wenn Sie den Kopf 40 Minuten vor dem Garen zerschneiden und an der Luft liegen lassen.

Brokkolisprossen und einige andere Sorten bilden feine Faserwurzeln. Diese werden oft mit Schimmel verwechselt. Sie verschwinden nach dem Spülen. Bei Zweifel achten Sie auf das Wasser und den Geruch. Das Wasser darf nicht milchig aussehen und die Sprossen nicht modrig, fischig oder faulig riechen. Bei richtiger Handhabung schimmeln Sprossen selten. Nur Getreidesprossen sind anfälliger.

Für Bewegungsallergiker

Ich kann es nicht oft genug wiederholen: Ohne Bewegung passiert gar nichts – jedenfalls nichts Positives. Die üblichen Tipps kennen Sie: Treppe statt Fahrstuhl, zum Kollegen gehen, statt zu telefonieren, kleinere Einkäufe zu Fuß erledigen usw. Das alles ist lobenswert, aber keineswegs ausreichend. Das Minimum an Bewegung kann ein täglicher, forscher Spaziergang von 20 bis 30 Minuten oder tägliche Übungen von nur zehn Minuten sein.

Mit einem täglichen Spaziergang ernähren Sie Ihre Bandscheiben und Gelenke (neben den weiteren positiven Effekten). Bandscheiben bestehen, grob gesagt, fast nur aus Wasser und Gelenke aus Knorpel, Bänder und Gelenkschmiere. Beides hat keine Gefäße. Eine Versorgung mit Nährstoffen erfolgt nur durch den Pufferungseffekt, der bei Bewegung erzeugt wird. Bei Belastung gelangen Nährstoffe hinein und gleichzeitig verbrauchte Stoffe hinaus. Dieser Vorgang bleibt aus, wenn Sie sich nicht bewegen. Es ist nie zu spät, mit Bewegung zu beginnen. Egal wie alt Sie sind oder schon Arthrosen haben.

Sie haben keine Lust oder Zeit zum Spazierengehen oder für andere Aktivitäten? Oder Sie können schlecht laufen? Sie mögen vielleicht gar nicht aus dem Haus? Sie können nicht, weil Sie krank oder gebrechlich sind? Sie sind zu stark übergewichtig, um sich zu bewegen? Das alles ist möglich, aber bei mir kommen Sie damit nicht durch. Schaffen Sie sich ein Minitrampolin an!

Zwischen Erdanziehung und Schwerelosigkeit

Ein Minitrampolin ist *die* Lösung für alle Menschen. Es nimmt wenig Platz ein und lässt sich überall aufstellen. Es ist immer Zeit, mal darauf zu steigen, sei es vor dem Fernseher. Sie brauchen keinen Salto machen und noch nicht einmal hüpfen. Einfaches Schwingen ist vollkommen ausreichend. Wer abnehmen möchte, sollte dreimal täglich für 10 bis 20 Minuten auf dem Trampolin schwingen. Um sich einfach nur fit zu halten, genügen zweimal täglich fünf Minuten. Fitte Menschen dürfen gerne Gewichte (Wasserflasche oder Kurzhanteln) in die Hände nehmen. Selbstverständlich kann auch gehüpft werden.

Das Minitrampolin ist die einfachste und gleichzeitig effektvollste Methode, um sich körperlich fit zu halten. Das regelmäßige Schwingen auf einem Minitrampolin erneuert und stärkt jede einzelne Zelle. Dieses führt ganz wie von selbst zu stärkeren Knochen, Organen und Muskeln. Insbesondere wird die Tiefenmuskulatur angesprochen, die der Ausdauer- und Kraftsport nicht erreicht. Wie ist das möglich? Das Schwingen führt zu einem Wechsel zwischen Schwerelosigkeit und Erdanziehungskraft. Hierdurch wird Druck auf jede einzelne Zelle ausgeübt. Die Zellen müssen diesem Druck standhalten und werden immer stärker. Es gibt kein anderes Training, bei dem ein derartig hoher Zelldruck erreicht wird und welches dabei so wenig anstrengend ist.

Die Bewegung treibt das Lymphsystem an. Das Lymphsystem ist nicht am Herzkreislauf gekoppelt und kann nur durch Bewegung zirkulieren. Das Schwingen verbessert die Nähr- und Sauerstoffaufnahme sowie den Abtransport von Schadstoffen hoch effektiv. Die Gelenke werden nicht belastet. Wenn Sie schon Gelenkbeschwerden haben, können diese reduziert werden, weil die Gelenke durch die Einzigartigkeit der Bewegung hervorragend mit Nährstoffen versorgt werden. Das Knacken und Knirschen ändert sich dann vielleicht in ein genüssliches Schmatzen. Gleiches gilt für die Bandscheiben. Vorausgesetzt, die Flüssigkeitszufuhr ist ausreichend, denn dann gelangt frische Flüssigkeit in die Bandscheiben und Abfälle fliegen raus. Selbst bei Bandscheibenvorfällen können Schmerzen gelindert werden.

Bei körperlichen Beschwerden, gleich welcher Art, bitte immer vorab grünes Licht vom Arzt einholen.

Stellen Sie sich vor: So ein Minitrampolin können Sie auch bewegen. Sie können es bei schönem Wetter ins Freie stellen und Ihre Lunge profitiert nebenher vom Sauerstoff. Ein guter Trick ist, es vor einen Türrahmen zu platzieren. Wenn Sie vom Flur in die Küche gehen, kommen Sie an dem Trampolin nicht vorbei. So vergessen Sie es nicht und Zeit für ein paar Schwingungen ist drin.

Mein Minitrampolin steht meistens im Flur. Da kann man wunderbar Schuhe drunter verstecken. Post, Werbung und Einkaufstaschen fliegen erstmal oben rauf. Und mein Kater findet das Trampolin als Liegeplatz toll – aber nur, wenn ich nicht darauf schwinge.

Sie sind trotz all dieser Vorzüge des Minitrampolins dennoch zu faul? Kein Problem! Stellen Sie Ihren Schaukelstuhl davor, setzen die Füße auf das Trampolin und lassen eine sportlich engagierte Person auf dem Trampolin hüpfen oder schwingen. Auch dann profitieren Sie bzw. Ihre Zellen von der Bewegung. Spaß beiseite: Diese Methode eignet sich hervorragend für bewegungsunfähige und alte Menschen, die auf diese Weise auch gesundheitliche Vorteile absahnen.

Noch ein Wachstumshormon

Sie haben das Wachstumshormon IGF-1, welches der schnellen Entwicklung des Kälbchens dient, im Milchkapitel kennen gelernt. Was es für Kälbchen gibt, gibt's auch für uns Menschen. Es wird von der Hirnanhangdrüse produziert und dient dem Wachstum des Babys und Kindes. Dieses Hormon heißt Somatropin oder HGH (Human Growth Hormone). Bis zum Ende der Pubertät ist HGH am aktivsten. Mit zunehmendem Alter wird es nicht mehr oder zu wenig ausgeschüttet, aber weiter gebildet. Wenn wir uns falsch ernähren und nicht bewegen, kommt es nicht zur Ausschüttung. Das ist bedauerlich, denn HGH ist das stärkste Hormon für den Aufbau von Muskelmasse, Knochendichte, Knorpel, Herzgesundheit und überhaupt für alles. HGH führt zu einer ständigen Runderneuerung des Körpers. Sonderbar, dass im Hinblick auf Muskelaufbau immer nur von dem Sexualhormon Testosteron geredet wird. Somatropin ist immer noch ein Waisenkind unter den Muskelaufbauhormonen und das, obwohl keine andere Substanz an das muskelaufbauende Potential heran kommt. HGH ist so stark, dass es von Sportlern für Dopingzwecke genutzt wird. Dabei ist HGH als Medikament nur für Menschen gedacht, die einen Ausfall der Hirnanhangdrüse zu beklagen haben. Denn dann ist eine Produktion gar nicht mehr möglich.

Das Hormon besteht aus 191 Aminosäuren, welches die anabole (aufbauende) Wirkung erklärt. Es vermehrt Zellen im gesamten Organismus, lässt die Haare wachsen und sorgt für gesunde Nägel. HGH wirkt aber auch katabol: Es baut aktiv Körperfett ab. Durch das Hormon wird Körperfett als Energie gewonnen und in die Muskelzellen eingebaut. Nebenbei reguliert HGH den Blutzuckerspiegel und den Wasserhaushalt. Bei einem Mangel nimmt im Umkehrschluss Körperfett zu (hauptsächlich Bauchfett), Muskelmasse und Knochendichte reduzieren sich, es können Herz-Kreislauf-Erkrankungen entstehen, der Zuckerstoffwechsel ist gestört und wir fühlen uns müde und antriebslos.

Genug Gründe, um die Ausschüttung anzukurbeln. Dafür sollten Sie zunächst wissen, dass HGH ausschließlich nachtaktiv ist und nur im Schlaf ausgeschüttet wird. Sobald wir schlafen gehen und das Lämpchen ausknipsen, stellt die Hirnanhangdrüse ihren Wecker, nimmt ihre Arbeit 70 Minuten nach dem Einschlafen auf und beginnt mit der Ausschüttung. Das ist kein Witz! Wenn Sie sich aber spät abends noch ein üppiges Mahl genehmigen, bleibt der Wecker aus und die Hirnanhangdrüse hält auch ihr Nickerchen.

Einer der Gründe, weswegen wir nicht zu spät essen sollten. Alkohol verhindert eine Ausschüttung ebenfalls. Und leider sitzen die Übergewichtigen mal wieder in der Falle: Eine Ausschüttung findet gar nicht statt. Also bitte - wie bereits empfohlen: Kurbeln Sie den Stoffwechsel an und lassen die Pfunde purzeln. Ihr Körper wird es Ihnen aber jetzt schon danken, wenn Sie etwas für die Ausschüttung des Hormons tun.

Für die Freisetzung müssen wir uns mit Vitamin B6, Vitamin C, Zink, Calcium, Magnesium, Kalium und Eiweißen von hoher biologischer Wertigkeit versorgen.

Für eine gute HGH-Ausschüttung sorgen folgende Lebensmittel:
frischer weißer Fisch, frisches Bio-Geflügel, Kartoffeln, Reis, Haferflocken, Amaranth, Quinoa, Buchweizen, Hirse, Sonnenblumenkerne, Sesam, grüne Gemüsesorten, Brunnenkresse, Hüttenkäse, Mozzarella und Naturjoghurt (vollfett).

HGH als Nahrungsergänzung ist nicht zu empfehlen. Es kann zu auffälligen Formveränderungen an den Knochen, gefährlichem Wachstum des Herzmuskels und erhöhten Blutzuckerwerten kommen.

Weshalb Zucker sauer ist

Bestimmt haben Sie schon gehört, dass unser Organismus übersäuern kann. Bei der heutigen Ernährungs- und Lebensweise ist kaum noch ein Mensch nicht sauer. Säuren stehen für Krankheit, Basen für Gesundheit. Die Rede ist vom *Säure-Basen-Haushalt*.

Sie wissen, was Säuren sind und was Säuren machen: sie ätzen. Die Magensäure (Salzsäure) haben Sie schon kennen gelernt. Es ist eine der guten Säuren, die Bakterien und Parasiten abtötet, die bei der Zerlegung der Nahrung hilft und die Verdauungsenzyme bei der Arbeit unterstützt. Zu den guten Säuren zählen auch die Milchsäure im Dickdarm und in der Scheide sowie aufgenommene Fruchtsäuren aus Obst (in Maßen).

Wir verzehren aber auch Säuren und zwar mehr, als Sie denken. Weshalb verätzen wir uns dann nicht schon beim Essen Mund und Zunge? Weil die Säure aus Nahrungsmitteln erst im Körper gebildet wird. Deshalb nennt man sie Säurebildner. So entsteht aus Zucker Essigsäure, aus zuckerhaltigen Nahrungsmitteln Phosphor- und Schwefelsäure, aus Kaffee Gerbsäure, aus Schweinefleisch Salpeter- und Schwefelsäure usw. Säuren sind in tierischen Eiweißen, schlechten Fetten, Süßigkeiten, Weißmehlprodukten, Softdrinks, Fertignahrung und Getränken mit Kohlensäure enthalten. Diese Säuren könnten alles verätzen, würden sie ungehindert an die Zellen und Organe gelangen. Natürlich erlaubt unser Organismus das nicht und neutralisiert die Säuren. Dies gelingt ihm aber nur, wenn er über Lebensmittel mit Basen versorgt wird. Basen sind Mineralstoffe, hauptsächlich Calcium, Magnesium, Natrium, Kalium und Eisen.

Wenn wir uns überwiegend ungesund ernähren, sind weit und breit keine Basen in Sicht. Doch unser Körper weiß sich zu helfen. Im Blut und in den Gefäßen, im Bindegewebe, in den Knochen und Zähnen, in der Kopfhaut (Haarboden), in Sehnen und Bändern haben wir

Basendepots. Damit wir innerlich nicht verätzen, bleibt dem Organismus nichts anderes übrig, als seine Depots zu plündern. Irgendwann fallen uns dann die Haare aus, es folgt ein Zahn und die Damen dürfen Cellulite begrüßen. Doch das größte Calciumdepot sind unsere Knochen. Bevor der Organismus die Verätzung seiner Zellen zulässt, plündert er das Calcium aus den Knochen. Dabei ist es ihm egal, dass diese dann zwangsläufig brüchig werden. Es geht ihm nur um die Lebensrettung der Zellen und Organe.

Aber der Diebeszug an den Depots ist längst noch nicht alles. Die Säuren werden zu Salzen oder Kristallen umgebaut und neutralisiert. In dieser Form lagern sie sich an verschiedenen Stellen ein und der Körper verschlackt. Sofern doch noch mal Nährstoffe ankommen, schaffen diese den Weg durch die verschlackte Mülldeponie nicht mehr, um die Zellen zu erreichen. So kommt es zum Beispiel zum Haarausfall, weil die Haarwurzeln keine Nährstoffe mehr erhalten. An allen Körperstellen können verschiedene Krankheiten, wie Gicht, Rheuma, Nierensteine und Augenkrankheiten entstehen. Salze lagern sich auch direkt in der Linse ab und können zum Grauen Star führen.

Weiter geht's: Irgendwann werden die Mineralstoffe in den Depots knapp und müssen eingespart werden. Dann können Säuren nicht mehr neutralisiert und müssen ausgeleitet werden. Das funktioniert über die Haut. Doch deren Ausscheidungskapazität ist begrenzt. Also werden die nicht neutralisierten Säuren in den Hautzellen und im darunter liegenden Bindegewebe abgelagert. Durch die ätzende Wirkung entstehen auf diese Weise Hautkrankheiten (unreine Haut, Akne, Ekzeme, Schuppenflechte, Neurodermitis). Wenn immer noch Säuren bleiben, hat der Körper keine andere Wahl, als sie einzulagern. Er verdünnt sie mit viel Wasser, um die Zellen vor Verätzungen zu schützen. So können Wassereinlagerungen entstehen, die gleichzeitig zu einem Flüssigkeitsverlust an anderen Stellen führen.

Für die Einlagerung weiterer Säuren werden Fettzellen aufgebaut. Übersäuerung kann also eine Ursache von Gewichtszunahme sein. Auch das Blut wird dickflüssiger und die Blutgefäße unelastisch. Es kommt zu Ablagerungen mit Bluthochdruck als Folge, da das Herz mehr pumpen muss, um das verdickte Blut durch die sklerotischen Arterien zu quetschen. Die normalerweise sehr elastischen roten Blutkörperchen werden hart und steif wie ein Lutschbonbon. Diese passen nicht mehr durch die feinen Kapillargefäße und verstopfen sie. Jeder von Ihnen wird schon einmal versehentlich einen Lutschbonbon im Ganzen verschluckt haben. Sie kennen also das Gefühl, wenn dieser wie ein Kometbrocken in der Speiseröhre herumhängt. Nur dass der Drops in der Speiseröhre irgendwann kleiner wird und durchflutscht. Nicht so aber die starren Blutkörperchen. Ein Kapillargefäß hat einen Durchmesser von einem Zehntel eines Haares. Für ein gesundes Blutkörperchen kein Problem. Es kann sich verbiegen und verformen. Ist ihm diese Eigenschaft genommen worden, gehört nicht so sehr viel dazu, dass es zu Durchblutungsstörungen mit möglichem Herzinfarkt als Folge kommt. Aber auch alle anderen Organe können betroffen sein. Die Kapillaren durchziehen alles in unserem Körper und versorgen nicht nur jede einzelne Zelle, sondern nehmen auch gleich deren Müll mit. Arbeitet Ihr Mann auch so effektiv?

Sauer macht also so gar nicht lustig. Im Gegenteil: Chronische Übersäuerung schlägt aufs Gemüt. Der Ausspruch «ich bin total sauer» kommt tatsächlich oft nur von übersäuerten Menschen. Denn diese sind launisch, verbittert, pessimistisch und depressiv – eben sauer. Basische Menschen sind gut gelaunt und optimistisch sowie stressresistenter. Die sauren Menschen befinden sich dazu noch in einem Teufelskreislauf: Denn Stress setzt durch Adrenalin und Cortison zusätzliche Säuren frei. Sogar der Verzehr von basischen Mineralstoffen richtet nichts mehr aus, solange der Mensch unter Strom steht. Dieses Problem kann Bewegung hervorragend lösen. Bewegung setzt

Glückshormone frei und die Stresshormone haben das Nachsehen. Glückshormone wirken direkt entsäuernd. Sehen Sie, wie eng Ernährung, Bewegung und Ausgeglichenheit zusammen hängen?

Wir können sehr einfach feststellen, ob unser Organismus übersäuert ist – außer uns an Haar- und Zahnausfall oder sonstiger Beschwerden zu orientieren. Sie erhalten in Apotheken pH-Teststreifen. Der Neutralwert liegt bei pH 7. Alle Werte unter 7 sind sauer und alle darüber basisch. Messen sollte man im Mittelstrahlurin. Der Streifen verfärbt sich und wir können den Wert an der Skala ablesen. Sie irren sich aber, wenn Sie sich über einen ständigen Wert über pH 7 freuen. Der Morgenurin sollte sauer sein, also unter pH 7 liegen. Denn in der Nacht bereitet die Leber Säuren zur Ausscheidung vor und gibt sie an die Nieren zur Ausleitung ab. Wenn der Morgenwert sauer ist, haben wir gleichzeitig den Hinweis, dass Leber und Nieren gut arbeiten.

Über den Tag sollte man ein halbe Stunde vor einer Mahlzeit und zwei Stunden danach messen. Die Messung vor dem Essen sollte saurer sein als die Messung danach. Um die Magenwand vor Verätzungen durch die Magensäure zu schützen, produzieren die Magenschleimhautzellen gleichzeitig Natriumhydrogencarbonat. Dieses ist hoch basisch und sollte sich zwei Stunden nach einer Mahlzeit auswirken. Ist dem nicht so, muss von einer starken Übersäuerung ausgegangen werden.

Schwankungen sagen uns, dass unser Säure-Basen-Haushalt in seinem Gleichgewicht liegt und mit unseren Ausleitungsorganen alles in Ordnung ist.

Säureüberschüssige Nahrungsmittel:
- alle industriell verarbeiteten Nahrungsmittel
- verarbeitete Fette und Öle
- tierische Produkte (Fleisch, Wurst, Eier, Milch, Milchprodukte)
- Zucker und zuckerhaltige Nahrung und Getränke

- Weißmehl einschließlich daraus hergestellte Nahrungsmittel
- Getränke mit Kohlensäure
- Genussgifte (Koffein, schwarzer Tee, Alkohol)

Basische Lebensmittel:
- Rohkost
- Gemüse (außer Rosenkohl)
- Pilze
- Salate
- Kartoffeln
- Hülsenfrüchte (gekeimt)
- Sprossen
- Mandeln und Nüsse
- Trockenfrüchte
- Obst und Früchte (auch Zitrone ☺)
- Gewürze und Kräuter
- Bitterstoffe

Zu dem Rosenkohl komme ich auf die schlaue Ernährungsberaterin zurück. Sie hat es noch nicht einmal richtig erklärt: Frost wandelt Bitterstoffe nicht in Zucker um. Er mildert sie nur. Der Zuckergehalt erhöht sich aber deutlich, weswegen Rosenkohl nicht zu den basischen Gemüsesorten zählt. Es sei denn, er hat noch keinen Frost abbekommen.

Zitronen sind mit einem pH-Wert von 2,4 extrem sauer. Sie beherbergen aber viel basisches Kalium und Magnesium. Da möchte unser Körper unbedingt ran und baut die Fruchtsäuren einfach ganz schnell ab. Die Mineralien bleiben zurück und werden verwertet. Ganz schön schlau, unser Körper.

Sie brauchen sich gar nicht nur basisch ernähren. Auch zugeführte Säuren sind gut, wenn der entsprechende Ausgleich da ist. Es gibt eine Faustregel: 20% der Nahrung sollte aus Säuren bestehen und 80% aus basischen Lebensmitteln. Lassen Sie das Gemüse den Teller bedecken und nicht das Fleisch.

Sollten Sie zu den sauren Menschen gehören, weil Sie jahrelang einer falschen Ernährungs- und Lebensweise gefrönt haben, brauchen Sie nicht in Panik verfallen. Der Organismus wartet nur auf den glücklichen Tag, dass er endlich Basen erhält, um seine geplünderten Depots wieder zu füllen. Im Eiltempo beginnt er zu flicken, zu recyceln, zu entsorgen und regeneriert sich sehr schnell. Deshalb bewirken auch kleine Veränderungen Großes. Probieren Sie es aus und schauen, was geschieht.

Säuren leiten Sie auch wunderbar durch Atemübungen aus, indem sie in Form von Kohlendioxid über die Lunge ausgeatmet werden. Auch hierfür ist es also von unschätzbarem Wert, sich täglich etwas Zeit für eine bewusste Atmung zu nehmen.

Bitte bitter!

Als basisches Lebensmittel habe ich auch Bitterstoffe aufgeführt. Diese tragen immens dazu bei, dass der Säure-Basen-Haushalt wieder in sein Gleichgewicht kommt. Außerdem unterstützen sie, die Basendepots zu füllen.

Ich sehe förmlich vor mir, wie Sie das Gesicht nur schon durch das Wort «bitter» zu einer Grimasse verziehen und sich schütteln. Unser Geschmackssinn hat sich verändert und entspricht nicht mehr dem eines Neandertalers. Dafür hat die Industrie hervorragend gesorgt und uns auf süß, sauer, salzig und pikant bis scharf geprägt. Die Zugabe von Zucker, Süßungsmitteln und ungesunden Geschmacksverstärkern führt zu einem besserer Konsumerfolg. Aus ursprünglich bitteren Gemüse- und Salatsorten züchtete man Bitterstoffe heraus.

Das ist mehr als bedauerlich, denn Bitterstoffe sind nicht nur für den Säure-Basen-Haushalt von Vorteil. Sie haben insgesamt eine sehr gute Wirkung auf unsere Gesundheit:

- Bereits im Mund stimulieren Bitterstoffe Magen, Leber, Gallenblase und Bauchspeicheldrüse zur Produktion von Verdauungssäften und Verdauungsenzymen und regen die Verdauung an.
- Bitterstoffe hemmen Fäulnis- und Gärprozesse im Darm. Blähungen mit den einhergehenden übel riechenden Winden können vermindert werden.
- Bitterstoffe führen zu einer verbesserten Nährstoffverwertung.
- Bitterstoffe regulieren die Produktion der Magensäure. Säureblocker können überflüssig werden.
- Die Leber liebt Bitterstoffe, übernimmt ihre Entgiftungsarbeit erfreut im Hochleistungsmodus und die Leberlappen klatschen vergnüglich Beifall.

- Bitterstoffe sorgen für Gymnastik der Verdauungsorgane. Die Schleimhäute ziehen sich zusammen und dehnen sich wieder.
- Bitterstoffe entschlacken. Die Darmschleimhaut wird angeregt, Stoffwechselschlacken (Gifte, Viren, Bakterien, Pilze) auszuscheiden. Auch Verschleimungen und Wasseransammlungen werden ausgeleitet.
- Die wertvollen fettlöslichen Vitamine (A, D, E, K), Vitamin B12 und Eisen kann der Körper mit Hilfe von Bitterstoffen besser aufnehmen.
- Bitterstoffe wirken gegen Antriebslosigkeit und «Null-Bock-Stimmung».
- Bitterstoffe bremsen Heißhunger auf Süßkram und zügeln den Appetit.
- Bitterstoffe helfen deshalb beim Abnehmen. Sie regen außerdem den Fettstoffwechsel an.

Hat Sie das überzeugt? Schön, freut mich☺ Dann gehen wir es an und programmieren die Geschmacksnerven um auf bitter. Je abgeneigter Sie sind, desto besser! Sie finden das paradox? Tatsächlich ist die Abneigung ein Signal Ihres Verdauungstraktes, dass Sie Bitterstoffe bitter nötig haben. Fangen Sie mit kleinen Dosierungen an. Die Umgewöhnung dauert nicht lange. Die Wirkung der positiven gesundheitlichen Vorteile lässt leider etwas länger auf sich warten. Der Körper hat Bitterstoffe schließlich lange entbehren müssen.

Die effektivste und zugleich einfachste Art sich mit Bitterstoffen zu versorgen, sind Mischungen aus pulverisierten Pflanzen, die Sie im Bioladen erhalten oder online bestellen können. Eine weitere oder auch zusätzliche Möglichkeit ist, Gewürze zu verwenden, die Bitterstoffe enthalten.

Hierzu zählen:

Kümmel, Koriandersamen, Schwarzkümmel, Kardamom, Thymian, Zimt, Fenchel und Ingwer.

Bei den Kräutern sind es:

Kerbel, Majoran, Rosmarin, Estragon und Liebstöckel. Wacholderbeeren und Lorbeer enthalten ebenfalls Bitterstoffe.

Wer es lieber frisch mag - diese Salat- und Gemüsesorten enthalten noch einen kleinen Anteil an Bitterstoffen:

Chicorée, Radicchio, Rucola, Endivien, Rosenkohl (ungefroren) und Artischocke.

Bitterstoffreicher und kostengünstiger sind Wildkräuter wie

Löwenzahn, Sauerampfer, Schafgarbe und Wegwarte.

Diese Sorten lassen sich gut unter einen Salat mischen oder in Smoothies verwerten.

Übrigens...
...auch Bier enthält Bitterstoffe.
Dies ist keine Empfehlung, durch Bier einen
gesundheitlichen Vorteil zu erwarten.

Entspannungsmethoden

Ich möchte Ihnen nun endlich einige Entspannungsmethoden vorstellen. Es sind die weniger Gängigen. Denn von Meditation, Yoga, progressive Muskelentspannung usw. werden Sie schon gehört oder welche davon auch ausprobiert haben. Wenn Sie davon doch etwas interessiert, hilft Ihnen das Internet und Anleitungen für vieles finden Sie bei «you tube». Selbstverständlich gibt es zu allen Methoden Ratgeber und Sachbücher. Schauen Sie auch in die Programmhefte der ortsansässigen Volkshochschulen.

Wundern Sie sich nicht: ich stelle Ihnen Entspannungsmethoden vor, die Bewegung beinhalten. 2-in-1-Sets extra für Sie ☺

Faszination Feldenkrais

Unsere normalen Bewegungen erfolgen mechanisch, so wie wir sie als Kleinkind und in unserer Wachstumsphase gelernt haben. Dieser Lernprozess ist oft beendet, sobald er für die alttäglichen Anforderungen ausreicht. Wir denken nicht darüber nach, wie wir die Tasse zum Trinken heben, wie wir sitzen oder beim Gehen einen Fuß vor den anderen setzen. Diese Bewegungsabläufe sind im Nervensystem verankert.

Falten Sie doch einmal die Hände als wollten Sie beten. Je nach Gewohnheit liegt immer derselbe Daumen oben, egal wie oft Sie die Hände falten. Jetzt falten Sie die Hände so, dass der andere Daumen oben liegt. Vielleicht wird Ihnen das noch nicht gleich gelingen, ohne dass Sie sich mit Fingern und Daumen vertüddeln. Auf jeden Fall wird es sich ungewöhnlich anfühlen. Es ist aber nicht ungewöhnlich - Sie sind es nur nicht gewohnt.

Wir geben uns mit den erlernten Bewegungen zufrieden, denn sie erfüllen ja ihren Zweck. Wenn Abläufe anstrengend erscheinen, wird dies meist als gegeben hingenommen, sei es, weil wir das auf unser Alter oder körperliche Beschwerden schieben, oder weil wir uns allgemein nicht für kräftig und beweglich halten. Unser Körper kann aber mehr – viel mehr. Und er will auch mehr.

Feldenkrais ist anders als alles andere. Ihnen wird bestimmt gefallen, dass es kein richtig und (fast) kein falsch gibt. Es geht nicht um Bewegungen, die exakt ausgeführt werden müssen. Es geht nicht um Leistung oder etwas erreichen zu müssen. Es sollen Teile unseres Körpers aktiviert werden, die jahrelang ihren Dornröschenschlaf schlummerten.

Feldenkrais lässt uns den Freiraum, eigene Möglichkeiten und Grenzen zu entdecken. Eingefleischte und fehlerhafte Bewegungsmuster werden korrigiert, Spannungen gelöst, Beschwerden gelindert und Heilungsprozesse gefördert. Bei regelmäßiger Anwendung wird der Bewegungsradius von Muskeln, Sehnen und Gelenken erweitert. Gleichzeitig wird unser Bewusstsein und unsere Wahrnehmung vertieft, denn die Bewegungen müssen so langsam ausgeführt werden, dass das Gehirn den Abläufen folgen kann, weil sie ihm fremd sind. Körper und Geist arbeiten gleichzeitig. Das Nervensystem erhält dadurch die Möglichkeit einer exakten Wahrnehmung, die uns neue Möglichkeiten und feine Unterschiede entdecken lässt. Durch die Feldenkrais-Methode kann unser Gehirn Bewegungen wirksamer koordinieren und kontrollieren. Wir lernen, bisher schwerfallende oder gar unmögliche Bewegungen möglich und leicht zu machen. Wir bleiben nicht nur beweglich, sondern entspannen auch, da wir bei der Methode in unseren Körper hinein fühlen. Wir sind also ganz bei uns und nur im Hier und Jetzt. Und schon haben wir Bewegung, Achtsamkeit und Entspannung in einem Topf.

Die Methode wurde nach ihrem Entwickler Moshé Feldenkrais benannt. Feldenkrais war Physiker, Ingenieur, Forscher und Sportler. Er zog sich beim Sport schwere und schmerzhafte Knieverletzungen zu. Eine Operation wollte er wegen möglicher Risiken nicht. Er heilte sich selbst, indem er sich mit Nerven, Psyche und Muskulatur beschäftigte und neue (ungewöhnliche) Bewegungen ausprobierte. Dieses betrieb er solange, bis er bemerkte, was funktioniert. Die Methode entwickelte er weiter für alle Körperbereiche.

Die Bewegungen sind ungewöhnlich, aber einfach und vor allem ohne Anstrengung durchzuführen. Ein Traum für Faulpelze ☺ Es ist sogar ein Nachteil, Anstrengung aufzuwenden. Feldenkrais hat nichts mit Gymnastik oder Muskelarbeit zu tun. Die Methode zeigt uns auf leichte und spielerische Weise die Zusammenhänge zwischen Bewegung, Wahrnehmung, Denken, Fühlen und Handeln auf. Im Endergebnis bleiben wir auf natürliche Weise stabil und beweglich – unabhängig vom Alter.

Wir brauchen die Bewegungen nur so oft durchführen, wie wir Lust haben. Nur achtsam sollten sie sein. Und – obwohl nicht anstrengend - müssen dazwischen Pausen eingelegt werden. Es heißt: „Spüren Sie der Bewegung nach". Dieses hilft dem Nervensystem, die neue, ungewöhnliche Bewegung zu verarbeiten. Pausen sind ein unverzichtbarer Teil der Methode.

Sie brauchen sich nicht an die empfohlenen Positionen halten. Sie dürfen so variieren, wie es sich für Sie angenehm und schmerzfrei anfühlt. Auch die Verwendung von Kissen oder Decken ist kein Problem.

Und gleichgültig, welche Bewegung Sie durchführen, es ist immer eine ganzheitliche Methode. Wenn Sie Schulterschmerzen haben und die entsprechenden Bewegungen durchführen, liegt zwar der Focus auf dem Schulterbereich, doch der Rest des Körpers wird mit einbezogen.

Ich räume ein, dass es bei der Feldenkrais-Methode einen Nachteil gibt: Anfangs ist es etwas zeitaufwendig, denn Zeit brauchen Sie, da Ihnen viele Bewegungen ungewöhnlich vorkommen und Sie denen immer nachspüren sollen. Erst lernen wir, wie unser Körper sich bewegen kann und dann nehmen wir die Veränderungen wahr.

Das sind die positiven Effekte der Feldenkrais-Methode:

- erhebliche Verbesserung der Durchblutung und des Stoffwechsels,
- verbesserte Körper- und Organfunktionen,
- der Gehirnstoffwechsel wird angeregt und verbessert die Denk- und Merkfähigkeit,
- die Gelenke werden beweglicher, Gelenke und Muskulatur elastischer,
- Osteoporose, Arthrose und Herz-Kreislauf-Erkrankungen wird vorgebeugt,
- Stressabbau durch vermehrte Ausschüttung des Glückshormons Serotonin,
- Vorbeugung oder Abbau von Depressionen,
- verbesserte Körperwahrnehmung,
- Stärkung des Selbstbewusstseins durch bessere Körperhaltung und Beweglichkeit (hat Einfluss auf die Psyche),
- insgesamt erhöht sich die Lebensqualität.

Ich kann Ihnen hier kein komplettes Übungsprogramm der Methode bieten. Vielleicht haben Sie aber Lust auf etwas Praxis? Feldenkrais beinhaltet Übungen im Liegen, Sitzen und Stehen. Ich lade Sie zu einer einfachen Übung im Liegen ein:

Becken und Kopf bewegen die Wirbelsäule wie eine Perlenkette:

- Legen Sie sich auf eine Gymnastikmatte oder Wolldecke.
- Sie liegen entspannt auf dem Rücken mit ausgestreckten Beinen, die Arme befinden sich neben dem Körper.
- Nehmen Sie die Auflagenflächen Ihres Körpers bewusst wahr: Fersen, Waden, Oberschenkel, Gesäß, unterer Rücken, oberer Rücken, Arme, Schultern und Hinterkopf. Scannen Sie Ihren Körper langsam ab. Dabei spielt es keine Rolle, ob Sie unten oder oben beginnen.
- Stellen Sie jetzt die Beine auf. Füße und Knie sollen Kontakt haben.
- Strecken Sie Ihre Arme nach rechts und links aus. Die Handinnenflächen zeigen zum Boden. Wählen Sie einen Radius, der Ihnen angenehm erscheint. Sie dürfen die Arme auch entspannt neben dem Körper liegen lassen.
- Bewegen Sie jetzt die Beine ganz langsam in Zeitlupe nach rechts (nur soweit, wie es für Sie angenehm ist) und wenden Sie den Kopf dabei entgegengesetzt nach links.
- Richten Sie die Beine langsam wieder zur Mitte auf und drehen den Kopf gleichzeitig wieder mit dem Gesicht nach oben.
- Lassen Sie die Beine langsam nach links fallen und drehen den Kopf nach rechts.
- Spüren Sie, wie sich das Becken mit bewegt, wenn die Beine zur Seite fallen.
- Stellen Sie sich vor, wie sich die Wirbel Ihrer Wirbelsäule bei der Bewegung drehen wie Perlen an einer Kette (denn das machen sie, auch wenn Sie anfangs noch nicht so das Gespür dafür haben).
- Machen Sie eine Pause und spüren der Bewegung nach.

145

- Wiederholen Sie, solange wie Sie mögen und wenn Sie genug haben, hören Sie auf.
- Bleiben Sie mit ausgestreckten Beinen noch einen Moment entspannt auf dem Rücken liegen und spüren der Bewegung nach.
- Stehen Sie auf und gehen langsam umher und spüren die Veränderung in Wirbelsäule, Becken und Hüfte.

Bei dieser Übung wird die Wirbelsäule in ihrer gesamten Länge einbezogen, von der Halswirbelsäule bis hin zum Steißbein. Die Wirbel drehen sich mit der Bewegung gegeneinander. Dadurch wird die Wirbelsäule beweglicher. Durch die Ausführung im Liegen müssen die Rückenmuskeln die Wirbelsäule nicht aufrichten. So lösen sich Verspannungen. Wenn Sie die Übung regelmäßig machen, werden Sie feststellen, dass Ihre Beine beim Absenken zur Seite immer weiter zum Boden kommen. Dies zeigt Ihnen, wie sich der Bewegungsradius verbessert.

Wenn Ihnen der Einblick in die Feldenkrais-Methode gefallen hat, finden Sie im Internet Übungen, es gibt Bücher und DVDs, einige Volkshochschulen bieten auch Kurse an oder machen Sie wie ich einen Bildungsurlaub.

Multitalent Bertramwurzel

Vielleicht haben Sie schon einiges ausprobiert, um Ihre Bauchbeschwerden los zu werden? Ihre kleinen Freunde im Darm gut gefüttert? Es ist immer noch nicht besser? Das kann sein. Vielleicht vertragen Sie etwas nicht und wissen nicht was. Dann versuchen Sie es doch mal mit der Bertramwurzel. Kennen Sie nicht? Sie haben sicher schon von Hildegard von Bingen gehört? Einfach könnte man sie als Kräuterhexe bezeichnen.

Aber nein: Hildegard verfügte über medizinische Kenntnisse und kombinierte diese mit ihrem Heilkräuterwissen. Sie war es, welche die positiven Wirkungen der Bertramwurzel entdeckte. Der Bertram wurde zu einem ihrer Lieblingskräuter und kam nahezu täglich auf den Tisch. Inzwischen hat man die Wirkungen des Heilkrautes erforscht. Sollte wohl, denn Hildegard lebte von 1098 bis 1179. Sie wusste aber damals schon, dass Mensch, Umwelt, Leib und Seele miteinander verbunden sind. Die ganzheitliche Gesundheit ist also keine Erfindung unserer Zeit.

Aber zurück zur Bertramwurzel: Die Inhaltsstoffe wurden von Mutter Natur derart gut kombiniert, dass der Bertram unbedingt als Multitalent erwähnt werden sollte. Genau genommen ist Bertram schon fast ein natürliches Universalheilmittel. Er kann Kranke heilen und Gesunde vor Krankheiten schützen. Auf den Verdauungstrakt wirkt er quasi wie ein Allesfresser, da er nichts unverdaut lässt. Er steigert die Bekömmlichkeit von Lebensmitteln und enthält auch Inulin. Das haben Sie schon kennen gelernt: ein Ballaststoff und Futter für die lieben Darmbakterien. Zugleich sorgt der Bertram für eine bessere Nährstoffaufnahme.

Bertram hilft nicht nur bei Magen-Darm-Beschwerden, sondern auch bei

- Herz-Kreislauf-Erkrankungen
- Diabetes mellitus Typ 2
- Atemwegserkrankungen
- Senkung des Cholesterinspiegels
- Zahnschmerzen
- Angststörungen, Depressionen
- Schlafstörungen
- Rückenschmerzen
- Potenzstörungen
- Malaria
- HIV

Bertram

- stärkt das Immunsystem
- hemmt Entzündungen
- reinigt das Blut
- fördert die Konzentration und Hirnleistung
- verbessert Qualität und Menge der Spermien
- wirkt positiv auf das Nervensystem
- sowie auf Haut, Haar und Nägel.

Und interessant für Sportler: Der Testosteronspiegel steigt an. Bertram gilt deshalb als extrem leistungssteigernd. Zudem enthält er viele Mineralstoffe und Spurenelemente. So auch Calcium und Magnesium, Eisen und Kupfer. Wie praktisch: Kupfer verbessert die Eisenaufnahme. Die im Bertram enthaltenen Harze regenerieren Zellen und Muskeln. Sie verhindern Fäulnisbildung und Gärung im Darm und somit die unliebsamen Gasangriffe. Auch die Wundheilung wird bei äußerlicher Anwendung (als Sud) unterstützt.

Was wollen wir noch mehr? Eine magische Pille, die alles kann, werden wir nicht finden. Also empfehle ich Ihnen den Anbau der Pflanze dringend. Das war natürlich Spaß, obwohl sich die Pflanze aus Samen selbst züchten lässt. Bertramwurzel können Sie als Pulver beziehen. Einfach über's Internet, aber Apotheken bestellen es auch gerne für Sie. Es gibt milden und scharfen Bertram. Die milde Sorte hat eine angenehme, nicht aufdringliche Schärfe. Der scharfe Bertram ist wirkungsvoller. Bertram schmeckt fast zu allen Speisen. Das Pulver lässt sich mit kochen und auch in den Tee kann man etwas geben. Und wie Sie es schon von Kurkuma kennen, kann auch ein Brot mit Bertrampulver bestreut werden.

Aaaaaber: Bertramwurzel hat eine sehr starke Wirkung und enthält auch ein Nervengift. Deshalb braucht man nicht viel davon und sollte schon gar nicht überdosieren. Die Tagesdosis sollte insgesamt einen gestrichenen Esslöffel nicht überschreiten. Grundsätzlich gilt das Pulver als frei von Nebenwirkungen. Manche Menschen können dennoch empfindlich auf die Inhaltsstoffe reagieren. Für alle und alles gilt immer eine Spielregel: Was Ihr Körper nicht kennt, muss langsam ausgetestet werden. Deshalb fangen Sie bitte mit Bedacht und nur mit einer Prise an. Wenn keine unangenehmen Symptome auftreten, erhöhen Sie langsam Tag um Tag, bis die Höchstdosis erreicht ist.

Lust auf Asien?

...dann folgen Sie mir. Dort geht es weiter mit Entspannung und Bewegung. Ich stelle Ihnen drei Methoden vor, die beides beinhalten. Sie lassen sich auch wunderbar miteinander kombinieren. Ich berücksichtige eben Ihren Zeitmangel☺. Sie erfahren etwas über Tai-Chi, Qigong und Shinrin Yoku.

Tai Chi

Tai Chi ist eine Trainingsmethode, die aus dem Tai Chi Chuan, einer chinesischen Kampfkunst entstanden ist. Tai Chi Chuan diente ursprünglich der Selbstverteidigung und der Bekämpfung negativer innerer Kräfte. Nur Letzteres ist durch die Überlieferung in den Westen geblieben. Das ursprüngliche Schattenboxen wird kaum noch praktiziert. Heute dient Tai Chi als Bewegungstherapie mit dem Ziel der Körperwahrnehmung, Körperbeherrschung, Regeneration, Entspannung und innerer Harmonie.

Tai Chi fördert durch die langsamen Bewegungsabläufe

- das Gleichgewicht, die Konzentration und Koordination des Körpers.
- Es stärkt das Immunsystem und
- aktiviert Selbstheilungskräfte,
- beugt Gelenkerkrankungen vor oder reduziert sie.
- Herz-Kreislauf-Erkrankungen und
- Stresssymptome werden gelindert.

Spezielle Einsatzgebiete sind Rückenschmerzen, Arthrose, Rheuma, Parkinson und Depressionen. Tai Chi lässt sich an Erkrankungen anpassen. Da Muskeln und Gleichgewicht trainiert werden, ist Tai Chi für Senioren gut geeignet.

Durch eine gute Körperstatik arbeitet auch die Muskulatur und erhält die Muskelkraft. Wenn die Muskulatur arbeitet, wird auch Fett verbrannt, obwohl die Bewegungen langsam und ohne Kraftanstrengung ausgeführt werden. Tai Chi hilft also auch beim Abnehmen.

Das waren die gesundheitlichen Aspekte, die aber nicht heißen, dass Tai Chi nur für kranke Menschen ist. Tai Chi lehrt uns die Wahrnehmung universeller Kraft. Chi oder auch Qi kann man mit «Lebenshauch» übersetzen. Wir lernen, unsere Lebensenergie zu erhalten oder wieder zu finden - kurz: in unserer Mitte zu sein. Wir erreichen, durch ungesunde Lebensweise gestörte Energie wieder zum Fließen zu bringen. Wir können uns mit Himmel und Erde verbinden, um die Kraft des Universums durch unsere Energiebahnen zu leiten. Das hat weder etwas mit Esoterik noch mit einem Guru zu tun.

Auch wie beim Feldenkrais werden üble Gedanken ausgeschaltet, da wir ganz bei uns und im Hier und Jetzt sind. Während es bei der Feldenkrais-Methode kein richtig oder falsch gibt, sind Tai Chi-Bewegungen an Körperhaltungen gebunden. Wir sollen auf die Signale unseres Körpers achten.

Die Tai Chi-Übungen sollten immer mit der Bauchatmung beginnen. Wie gut, dass Sie diese schon beherrschen☺. Tai Chi lebt jedoch auch von Vorstellungskraft. Wir können uns vorstellen, am Meer zu stehen, die Luft und damit die Kraft des Wassers und der Wellen einzuatmen. Stress und Ärger pusten wir beim Ausatmen aus und geben es an das Meer ab. Durch gedankliche Visionen können wir uns optimal mit den Bewegungsabläufen und deren Ziele vereinen.

Die Übungen bestehen aus Vorübungen, Basisübungen und Grundübungen. Mit den Vorübungen wärmen wir uns auf. Das ist wichtig wegen der Muskelkontraktion. Feldenkrais dagegen benötigt kein Aufwärmen.

Es gibt viele Vorübungen, die wir nicht alle jedes Mal durchführen müssen. Jede Übung wirkt positiv auf bestimmte gesundheitliche Aspekte.

Basisübungen heißen so, weil sie die Basis für die Grundübungen schaffen. Davon sollten immer einige durchgeführt werden. Wer Tai Chi beherrscht, kann sich zwischendurch auch schnell mal mit ein oder zwei Basisübungen begnügen, um den Kopf frei zu bekommen. Von den Grundübungen gibt es 18 an der Zahl. Auch diese müssen nicht komplett angewendet werden. Sie haben Namen, die schon aussagen, dass Gedankenkraft eine große Rolle spielt. Zum Beispiel: den Regenbogen schwingen, die Wolken teilen, wie eine Wildgans fliegen, die Welle schieben, die Wolkenhände, der gelbe Drache usw.

Nur eine Übung ist Pflicht: die Erste – das Chi wecken. Damit wecken wir die Lebensenergie. Wir ziehen das Chi aus der Erde und geben verbrauchtes Chi wieder in die Erde ab. Das Chi strömt durch unseren Körper und aktiviert die Meridiane. Dies sind nach der chinesischen Medizin Leitbahnen, die den ganzen Körper durchziehen. In ihnen fließt die Lebensenergie. Schon diese eine Übung «das Chi wecken» hat positive Wirkung auf Leber und Herz, hilft bei Atem-, Blutdruck- und Rückenproblemen, Schlafstörungen, Konzentrationsstörungen und Schwäche, Verkrampfungen und Stress. Das nur mal so als kleiner Eindruck für Sie, wie wirkungsvoll das Gesamtpaket des Tai Chi ist.

Haben Sie bitte Verständnis, dass ich Ihnen zum Tai Chi keine Beispielübung anbieten kann. Ich habe zwar selbst Tai Chi gelernt, bin aber keine Tai Chi Trainerin. You tube bietet Ihnen viele Eindrücke und Übungen. Ich empfehle Ihnen aber doch, einen Kurs zu belegen, um die Techniken fehlerfrei zu erlernen. Und natürlich auch bei Tai Chi: Immer schön lächeln☺

Qigong

Qigong stärkt die Energie, die durch Tai Chi in die Leitbahnen gelangt ist und verfolgt ausschließlich gesundheitliche Ziele. Qi bedeutet Energie und Gong heißt Übung/Arbeit. Es handelt sich um alte chinesische Entspannungs- und Gesundheitsübungen, die nicht aus dem Kampfsport entstanden sind. Die Bewegungen sind sanft, geschmeidig und natürlich, während Tai Chi auch explosionsartige Bewegungen beinhalten kann. Die Ähnlichkeit besteht bei beiden Methoden durch vorwiegend geschmeidige Bewegungen, die mit Atmung und Vorstellungskraft vereint werden.

Qigong
- stärkt die Abwehrkräfte und das vegetative Nervensystem,
- verbessert die Haltung der Wirbelsäule,
- kräftigt die Muskulatur,
- vertieft die Atmung,
- fördert die Beweglichkeit sowie das geistige und seelische Wohlbefinden. Lebenskräfte bleiben erhalten, um mit Alltagssituationen gelassener umgehen zu können.

Tai Chi und Qigong lassen sich einzeln erlernen. Kurse werden jedoch vielfach als Tai Chi Qi Gong in Kombination angeboten, was meiner Meinung nach auch Sinn macht. Ich habe zuerst Qigong und danach Tai Chi erlernt und dann einen Kombinationskurs belegt. Rückblickend betrachtet würde ich heute mit Tai Chi beginnen und Tai Chi Qigong folgen lassen. Aber das darf jeder für sich entscheiden.

Shinrin Yoku

Wir verlassen China und fahren nach Japan, um etwas über Shinrin Yoku zu erfahren. Wörtlich übersetzt heißt es: Baden in der Atmosphäre eines Waldes oder kurz Waldbaden. Sie finden das seltsam und stellen sich gerade vor, sich nackt auf einem Waldboden mit piksenden Tannennadeln zu suhlen? Waldbaden heißt nur, bewusst und achtsam durch den Wald zu gehen.

Shinrin Yoku ist mehr als eine Entspannungsmethode und zählt zur Alternativmedizin. Studien belegen die Wirkung auf die Gesundheit. Die Freisetzung von Stresshormonen wird vermindert, der Blutdruck gesenkt, das Immunsystem gestärkt und es wirkt gegen Depressionen und Antriebslosigkeit. Waldbaden beugt Krankheiten vor und heilt bestehende Erkrankungen. Die Japaner haben deshalb extra spezielle Heilwälder geschaffen und die Krankenkassen übernehmen Kuren. Vereinzelt gibt es auch in Deutschland «Waldführer», die gestressten Menschen helfen, zur entfremdeten Natur und inneren Ruhe zurück zu finden. Aber das Waldbaden lässt sich auch prima in Eigenregie erlernen.

Wir kennen die besondere angenehme Luft im Wald. Es riecht frisch nach Tannennadeln, Harz, Moosen und vielem mehr. Der Geruch heilt Körper und Psyche, denn der Duft hat auch einen biochemischen Hintergrund: Wir riechen Phytonzide, die wir mit sekundären Pflanzenstoffen vergleichen können. Die Bäume stoßen sie aus, um sich vor Krankheitserregern, Austrocknung, Schadinsekten usw. zu schützen. Wir nehmen die Stoffe über die Atmung und Haut auf und erhöhen die Zahl der Killerzellen. Auch Zellschäden werden repariert. Nadelwälder stoßen Phytonzide besonders aktiv aus. Deswegen riechen Tannenwälder anders als Laubwälder. Auch ätherische Öle (Terpene) werden von den Bäumen abgegeben, welche sich ebenfalls auf unsere Gesundheit positiv auswirken.

Wir atmen außerdem von den Milliarden Bakterien ein, die sich im Boden tummeln. Nun sagen Sie nicht «Igitt». Diese Bakterien kennen Sie bereits – es sind die Friedhelms, Friedolins und Friedrichs – also friedliche Bakterien. Zum Beispiel hat man im Waldboden den Lactobacillus bulgariucus gefunden – ein probiotisches Bakterium, welches man in die Joghurts gepackt hat. Nur dort leider größtenteils verstorben. Holen Sie sich lieber die Lebendigen aus der Waldluft. Aber nicht den Waldboden essen, jedoch gerne mal daran riechen. Die Bakterien des Waldbodens beeinflussen unsere Verdauung, unser Gedächtnis, unseren Schlaf und unsere Stimmung positiv.

Während des Waldbadens entschleunigen wir. Natürlich profitiert Ihre Gesundheit auch, wenn Sie forsch durch den Wald marschieren oder joggen. Doch die spezielle Wirkung des Waldbadens erreichen Sie nur, wenn Sie sich langsam durch den Wald bewegen. Sie haben bereits Achtsamkeit gelernt, Dinge zu sehen und wahrzunehmen, die Ihnen gut tun. Schauen Sie sich die Bäume an, berühren Sie auch mal einen Baum oder umarmen ihn sogar. Dabei können Sie tief ein- und ausatmen. Sie nehmen dabei die Terpene besonders gut auf. Achten Sie in einem Mischwald auf die verschiedenen Rinden und Blätter. Oder auf die Knorren und Borken eines alten Baumes. Wie alt mag der wohl sein? Was mag er alles gesehen und mitgemacht haben, welche Epochen hat er wohl durchlebt, welchen Stürmen und Katastrophen Stand gehalten? Sehen Sie am Boden die Vielfalt der Moose, berühren Sie diese. Fühlen Sie unter Ihren Füßen den weichen Waldboden, der übrigens den Gelenken sehr gut tut. Empfinden Sie das Knacken der Äste unter Ihren Füßen als Sinneseindruck.

Im Nadelwald beobachtet man oft, dass der ganze Boden wie ein Teppich von jungen Tannen bedeckt ist. Die großen Tannen «säugen» die Babytannen, weil sie in einem dichten Wald wenig Licht erhalten. Wussten Sie das? Aber ich schweife ab. Es soll ja kein Wald-

Biologiebuch werden. Beobachten Sie Tiere und hören auf die Vogelstimmen.

Im Winter nehmen Sie die Stille, die man hören kann, wahr. Gehen Sie auch bei feuchtem Klima in den Wald, denn dann sind die Terpene besonders intensiv. Atmen Sie tief durch den Mund ein, um möglichst viel von der heilenden Waldmedizin zu erhaschen. Durch intensive Atmung im Wald erweitern Sie Ihre Lungenkapazität und Ihr Blut wird sauerstoffreicher.

Waldbaden ist nicht nur ein Waldspaziergang. Beim Waldbaden tauchen Sie mit all Ihren Sinnen bewusst in den Wald ein. Sie sehen und entdecken, Sie riechen, hören, tasten und fühlen. Wenn Sie sich auf den Wald einlassen, wird jede anstrengende Denkprozedur des Alltags ausgeschaltet – vollständig. Sie befinden sich jenseits von Zeit und Raum und vor allem jenseits aller Probleme. Sie haben keine Vergangenheit und auch keine Zukunft mehr. Hirngespinste, Ängste und Sorgen sowie Ärger lösen sich wie Seifenblasen auf.

Ich habe Shinrin Yoku zufällig entdeckt und für mich festgestellt, wie dicht es mit Tai Chi und Qigong verknüpft ist. Wer eines von beiden oder beides in Kombination betreibt, hat bereits ein Wahrnehmungsbewusstsein für die Energiebahnen im Körper entwickelt. Das Waldbaden kann bewusster praktiziert und sämtliche Sinne können effektiv eingesetzt werden. Übungen des Tai Chi und Qigong können Sie im Wald optimal machen. Also schlagen Sie zwei oder drei Fliegen mit einer Klappe.

Meine Recherchen haben im Nachhinein ergeben, dass der Zusammenhang leider nicht meine Erfindung ist. Schade! Aber ich will mich nicht mit fremden Lorbeeren schmücken. Frühere Qigong Meister wussten schon um die Heilkraft der Natur und stellten fest, dass durch intensive Atmung das Chi/Qi aus dem Wald aufgenommen wird.

Beim Waldbaden gilt: viel ist mehr! Ein ganzer Tag im Wald verdoppelt die Zahl und Aktivität der Killerzellen für die Dauer von 14 Tagen. Aber auch nach 20 Minuten Aufenthalt im Wald profitieren wir von dem gesundheitlichen Effekt. Jede Minute Waldbaden ist Auszeit und Gesundheit.

Sie haben also freie Zeiteinteilung – ganz wie Sie mögen und Ihre Zeit es erlaubt. Ich bin schon immer gerne im Wald spazieren gegangen, aber seit ich Shinrin Yoku praktiziere, möchte ich den Wald am liebsten gar nicht mehr verlassen.

Gehen Sie möglichst alleine oder in stiller Gesellschaft. Für den Notfall nehmen Sie Ihr Smartphone mit, schalten es aber aus oder zumindest lautlos. Bei einem längeren Aufenthalt sollten Sie etwas zu essen und zu trinken dabei haben. In der warmen Jahreszeit sehen Sie sich vor Zecken vor, die übrigens nicht von Bäumen fallen. Vermeiden Sie, durch höheren Bewuchs zu gehen.

Wenn Sie keinen Wald in der Umgebung haben, gehen Sie trotzdem in die Natur. Auch der Ausblick auf Berge, Wiesen und Wasser versorgt uns mit Gesundheit und lässt uns länger leben. Und bitte das Lächeln niemals vergessen. Doch das kommt dann schon wie von selbst☺.

Über das Waldbaden finden Sie allerlei Fachliteratur oder kleine Ratgeber. Interessierte erfahren in einigen auch noch mehr über die Wald-Biologie, zum Beispiel wie Bäume miteinander kommunizieren. Ich will Sie nicht verkaspern. Googeln Sie einfach mal nach «Wood Wide Web».

Übrigens...
wussten Sie, dass Bäume auch mit uns kommunizieren?
Wir nehmen dies nicht bewusst wahr, aber unser Körper, unser Geist und unsere Seele sind klüger als unser Verstand.

Die süße Droge

Ich komme jetzt zum Zucker und es wird mir eine Freude sein, den Naschkatzen und Naschkatern die Lust darauf vermiesen.

Wir wollen uns erstmal die Frage stellen, ob der Mensch überhaupt Zucker braucht. Fest steht, dass unser Körper für alle Lebensfunktionen Energie braucht. Zucker liefert Energie. Also Frage beantwortet: Ja, wir brauchen Zucker.

Unser Oberstübchen tanzt Lambada, wenn es Schokoküsse erhält und uns geht es nach dem Energiekick auch gut. Ein Kick ist jedoch nur von kurzer Dauer. Kommt nichts an süßen Leckereien hinterher oder schafft das plötzliche Insulinaufgebot den Zucker in die Zellen, zappeln die Nerven im Oberstübchen nervös nach Beatmusik. Dabei begnügt sich das Gehirn durchaus mit einem langsamen Walzer. Und den tanzt es durch den Zucker, der im Gemüse, Obst und in komplexen Kohlehydraten enthalten ist.

Auch unsere Muskeln lechzen nach Zucker, insbesondere nach körperlicher Aktivität. Der Körper regeneriert sich schneller, wenn nach einem Training die Muskelzellen mit Zucker aufgefüllt werden.

Das war's dann aber auch. Der übrige Zucker wird in der Leber deponiert und wenn der Speicher voll ist, in Triglyceride (Fett) umgebaut und als Bauch- und Hüftspeck abgelagert. Zuviel Blutzucker schädigt außerdem die Organe, Gefäße und Nerven. Hallo Männer: Zucker kann sogar unfruchtbar machen. Das erspart dann wenigstens die Kondome, wenn kein Kinderwunsch besteht.

Zucker wird aus der Zuckerrübe oder dem Zuckerrohr hergestellt. Der Prozess ist so umfangreich, dass von den ursprünglich in der Rübe oder dem Rohr enthaltenen Nährstoffen so wenig übrig bleibt, dass man Zuckerberge verspeisen müsste, um davon zu profitieren. Haushaltszucker liefert uns nichts, außer nutzlosen Kalorien. Obendrein ist er auch noch ein Dieb. Er raubt uns Mineralstoffe und Vitamine. Zucker wird vollständig verdaut und in den Blutkreislauf abgegeben. Für diesen Vorgang braucht Zucker Energie in Form von Vitaminen (insbesondere B-Vitamine), Mineralstoffen und Spurenelementen. Ist davon nicht genug in der Nahrung enthalten, werden für den Verdauungsprozess die körpereigenen Speicher angezapft. Bei übermäßigem Zuckerverzehr können hierdurch Mangelerscheinungen entstehen.

Zucker ist im Gegensatz zu Kuhmilch und Klopapier eine Sache der Evolution. Wenn ein Neugeborenes gestillt wird, bekommt es Muttermilch. Diese enthält Zucker. Also schmeckt sie wohl süßlich. Ich kann mich daran aber nicht mehr erinnern. Jedenfalls soll es dem Baby ja schmecken. Das Baby wächst zu einem Kleinkind heran und nimmt feste Nahrung zu sich. Viele Kinder sind aber sehr wählerisch. Ich erlebe das bei meinem Enkel, der sein Gemüse nicht essen will. Was wird dagegen unternommen? „Wenn du dein Gemüse isst, bekommst du danach einen Pudding". Mit Speck fängt man eben Mäuse und mit Süßkram kleine Kinder. Die kleinen Menschen lernen also sehr früh, süß mit Belohnung zu verbinden. Dieses setzt sich oft im Erwachsenenalter fort. Wenn wir eine schwierige Aufgabe erledigt haben, wird danach gerne eine Tüte Gummibärchen als Selbstbelohnung verputzt.

Bei Stress und Ärger sind die Glückshormone im Keller. Gummibärchen und deren süße Kumpane dienen dann der Beruhigung. Zucker erhöht den Serotonin- und Dopaminspiegel. Wir fühlen uns besser, beruhigter und irgendwann dicker. Andere erreichen gleiches mit Alkohol oder Nikotin. Zucker ist ebenso schädlich und kann genauso süchtig machen. Zucker ist nichts anderes als eine Droge.

Die Rede ist auch nicht nur von dem weißen Haushaltszucker. Alle Süßigkeiten enthalten selbstverständlich Zucker. Zucker finden wir in allen Fertigprodukten, in Weißmehlprodukten (Gebäck, helles Brot,

Nudeln, Reis,) und auch im salzigen Knabbergebäck. Kohlenhydrate werden zu Zucker (Glucose) umgebaut. Softdrinks wie Cola, Brause und Säfte enthalten Zucker. Zucker wird uns ungefragt in allen Nahrungsmitteln untergejubelt. Selbst in einem Glas saure Gurken ist die süße Pest enthalten. Auch Obst enthält Zucker – die Fructose. Natürlich ist Obst trotzdem gesund. Gemüse ist jedoch das bessere Obst, weil der Fructoseanteil in Gemüse deutlich geringer ist. Dies sollten Sie bei Blutzuckerschwankungen oder Diabetes berücksichtigen.

Sie erinnern sich, dass Zucker eine köstliche Nahrung für die Fäulnisbakterien im Darm ist. „Na und", denken Sie? „Dann nehme ich eben die Gasangriffe in Kauf, aber auf meine Tafel Schokolade und die Tüte Chips will ich nicht verzichten. Und in meinen Kaffee müssen auch die fünf Stück Würfelzucker." So einfach ist es nun leider nicht. Mit Zucker füttern Sie ihre Fäulnisbakterien und Pilze im Darm. Die guten Bakterien werden mit einem normalen Pilzbefall leicht fertig. Sie kennen den Spruch, dass etwas wie Pilze aus dem Boden schießt? Für Pilze im Darm passt das auch, wenn wir sie mit Zucker oder isolierten Kohlenhydraten vollstopfen. Unsere kleinen Mitbewohner haben dann trotz aller kämpferischen Fähigkeiten der explosionsartigen Pilzvermehrung nichts mehr entgegen zu setzen.

Obwohl Zucker süß schmeckt, wird er im Körper zu Essigsäure. Ihnen ist bekannt, dass wir dadurch übersäuern können. Auch die möglichen Folgen kennen Sie.

Die Industrie schläft nicht und weiß um das Gesundheitsbewusstsein der Bevölkerung. Also wird dem Zucker auf der Zutatenliste eine Tarnkappe aufgesetzt: Saccharose, modifizierte Stärke, Maisstärke, Invertzucker, Rohrzucker, Stärkesirup, Isoglucose, Dextrose, Fructose, Vanillezucker, Rohrzucker, Vollrohrzucker, brauner Zucker, Laktose, Süßmolke - um nur einige zu nennen. Auf der Zutatenliste von Nahrungsmitteln steht also nicht unbedingt «Zucker». Wenn auf Märkten selbst hergestellte Produkte mit Rohrzucker angeboten werden, wird uns oft erzählt, dieser wäre gesünder als Kristallzucker. Schwachsinn! Rohrzucker unterliegt dem gleichen Verarbeitungsprozess wie Haushaltszucker und Mineralstoffe sind kaum noch enthalten.

Es ist gleichgültig, wie Zucker genannt wird: Die negativen Auswirkungen auf unsere Gesundheit bleiben dieselben. Zucker ist Zucker und bleibt Zucker.

Süßungsmittel

Und was ist mit Süßungsmitteln? Wir unterscheiden zwischen *Süßstoffen* und *Zuckeraustauschstoffen*. Beide haben eines gemeinsam: Der Blutzuckerspiegel steigt nicht an und die Bauchspeicheldrüse produziert deshalb kein Insulin. Sie machen auch nicht dick – jedenfalls nicht unmittelbar. Der Appetit kann aber angeregt werden.

Süßstoffe werden synthetisch hergestellt und sind damit schlecht. Häufig verwendete Süßstoffe sind Aspartam, Saccharin, Acesulfam und Cyclamat. Aspartam ist am meisten umstritten. Beim Abbau im Körper entsteht Formaldehyd und das ist krebserregend. Außer Krebs kann Aspartam zu Multiple Sklerose, Leukämie, Epilepsie, Allergien, Hirntumoren und Sehstörungen führen. Aber auch die anderen Süßstoffe lösten bei Versuchstieren Krebs aus.

Zu den bekanntesten *Zuckeraustauschstoffen* gehören Sorbit, Xylit, Mannit und Erythrit. Sorbit ist in Kaugummis und in vielen Light-Produkten enthalten. Es ist aber auch natürlicherweise in einigen Früchten vertreten. Und dahinter verbirgt sich eine böse Falle: die *Sorbit-Intoleranz*. Sorbit benutzt das gleiche Transportsystem wie Fructose. Deswegen wird fälschlicherweise oft auf *Fructose-Intoleranz* diagnostiziert. Betroffene stehen vor einem Rätsel, wenn keine Besserung eintritt, obwohl fructosehaltige Lebensmittel gar nicht mehr verzehrt werden.

Zuckeraustauschstoffe können Verdauungsbeschwerden verursachen. Deshalb sind sie auch nicht unbedingt empfehlenswert, aber immer noch besser als Süßstoffe und auch besser als Haushaltszucker.

Dann haben wir noch *Sirups* und *Dicksäfte* wie beispielsweise Ahornsirup und Agavendicksaft. Aber auch hier verbleibt im Endprodukt ein hoher Zuckergehalt von mindestens 80%. Vorteil zum Haushaltszucker ist nur, dass diese Sorten noch Mineralstoffe enthalten. Inwieweit noch Vitalstoffe und Enzyme vorhanden sind, richtet sich nach der Herstellungstemperatur. Wer auf Dicksäfte zurückgreifen möchte, sollte wenigstens auf die Zusammensetzung von 50% Glucose und 50% Fructose achten. Von den Sirup-Sorten sind Dattelsirup oder Reissirup am ehesten zu empfehlen.

Auch Honig hat einen sehr hohen Zuckergehalt. Er ist aber immerhin ein Naturprodukt mit Heilwirkung und enthält keinen isolierten Zucker.

Wie verhält es sich mit *Stevia*? Weil die Süße von einer Pflanze stammt, wird Stevia als gesunde Süße angeboten. Da aber in Supermärkten nicht die Pflanze verkauft wird, handelt es sich auch nur um ein verarbeitetes Isolat. Es hat allerdings keine Kalorien, ist für Diabetiker geeignet und verursacht keine Karies.

Übrigens...
wie wäre es mit selbstgemachter Süße?
Trockenfrüchte in Wasser einweichen und
im Mixer zu einem Sirup verarbeiten.

Hören Sie Ihrem Körper zu!

Wer kennt sie nicht – die lästigen Heißhungerattacken? Die Signale kommen vom Gehirn, welches die Energiebilanz kontrolliert. Vor dem Heißhunger hatten wir vielleicht einfach nur Hunger, weil wir nichts oder das Verkehrte gegessen haben. Vielleicht haben wir den Ruf des Körpers nach Nährstoffen nicht verstanden und ihm nicht gegeben, was er wollte. Er straft uns mit Heißhunger.

Bei Lust auf Schokolade verlangt der Körper in Wahrheit vielleicht nur nach Magnesium. Unerklärliche und plötzliche unbändige Lust auf Käse kann bedeuten, dass der Körper nicht genug Calcium hat. Die Gier nach einer fettigen Portion Pommes mit Mayo signalisiert vielleicht einen Fettmangel. Gelüste auf eine Tüte Chips können heißen: zu wenig Salz. Heißhunger auf Äpfel kann entstehen, wenn zu viele gesättigte Fette verzehrt wurden.

Eine häufige Ursache von Hunger oder Heißhunger ist ein Proteinmangel. Wer sich vorwiegend von Fast Food und Industrienahrung ernährt, stopft nur ungesunde Fette und Kohlenhydrate in sich hinein. Die Verwendung von Proteinen ist der Industrie zu teuer. Der Zusatzstoff Glutamat täuscht geschmacklich das fehlende Eiweiß vor. Nur von Fetten und Kohlenhydraten werden wir aber nicht satt und essen zu viel davon. Eine der Hauptursache für Übergewicht.

Von einem dauerhaften Proteinmangel war vielleicht Mutter Beimer aus der Serie «Lindenstraße» geplagt, weil sie sich ständig Spiegeleier in die Pfanne haute. Wer die Serie kennt, weiß aber, dass sie dieses nur bei Ärger oder Kummer tat. In dem Moment litt Mutter Beimer also eher an einem Serotoninmangel. Serotonin ist ein Glückshormon. Das Signal kommt ebenfalls vom Gehirn: Tröste dich sofort mit Nahrung!

Von derartigen Heißhungerattacken, gleich welcher Ursache, ist kaum einer gefeit. Wie sollen wir aber damit umgehen? Unsere Geschmacksnerven sind so ausgerichtet, dass wir in jedem Fall nach etwas lechzen, was wir mögen. Bei einer Unterversorgung mit Salz kommen wir sicher nicht auf den Gedanken, übermütig das Streusalz von der Straße aufzulecken. Da bevorzugen wir lieber die Tüte Chips.

Heißhungerattacken mit den darauf folgenden Fressorgien empfinden wir als lästig. Sie machen uns ein schlechtes Gewissen, insbesondere wenn wir uns doch eigentlich zügeln oder abnehmen wollen. Wenn wir lernen, Heißhungerattacken als Warnsignal des Körpers zu akzeptieren, können wir auch lernen, auf unseren Körper zu hören. Was will er wirklich? Fehlen wichtige Nährstoffe? Oder ist etwas zu viel des Guten gewesen – leere Kohlenhydrate zum Beispiel? Stecken Fäulnisbakterien oder Pilze im Darm dahinter? Haben wir vielleicht zu viel Stress? Mangelt es uns an Entspannung? Ist das Selbstwertgefühl im Keller?

Die Gründe können vielfältig sein und es ist nicht so einfach, diese herauszufinden. Es ist aber erlernbar. Das ist auch einer der vielen Gründe, weshalb Achtsamkeitsübungen so wichtig sind. Wir erlangen dadurch die Fähigkeit, in uns hinein zu horchen. Heißhungerattacken kommen niemals einfach nur so. Sie haben immer einen Grund und den gilt es zu entlarven.

Somatische Intelligenz

«Dem Körper zu hören» nennt man auch *somatische Intelligenz*. Diese ist angeboren. Ich verdeutliche Ihnen das am Beispiel von Kindern: Natürlich kann es sein, dass ein Kind einfach keinen Spinat mag. Dafür müsste es ihn aber erst einmal probiert haben. Weigert sich das Kind, auch nur einen kleinen Happs davon zu nehmen, weiß es instinktiv, dass es die im Spinat enthaltene Oxalsäure nicht verträgt. Wenn das Kind seinen Teller nicht leer essen will, ist es einfach satt.

Allerdings darf dann im Anschluss auch kein Pudding mehr hinein passen.

Die somatische Intelligenz wird verständlich, wenn wir uns erinnern, dass wir Säugetiere sind. Wir finden keine Kuh, die Kaninchen widerkaut oder einen Löwen, der die Steppe nach einer Löwenzahnwiese absucht. Säugetiere wissen instinktiv, für welche Lebensmittel der Verdauungstrakt ausgelegt ist. Bei uns Menschen ist dieser Instinkt durch Zusatzstoffe in Nahrungsmitteln zerstört worden. Er wurde uns durch Industrienahrung, Fertigprodukte, aber auch durch Werbung und Medien genommen. Wir hören nicht mehr auf unser Bauchgefühl und unseren Instinkt. Stattdessen bauen wir auf erlangtes Wissen durch Ernährungsberater, Ernährungsbücher und Internet. Ernährung wurde zur Kopfsache.

Die gute Nachricht ist: Die somatische Intelligenz lässt sich wieder herstellen. Dazu müssen Sie so weit wie möglich auf Zusatzstoffe verzichten. Geschmacksverstärker, Aromen, Farbstoffe und Konservierungsmittel in Fertigprodukten schalten die Mechanismen im Gehirn aus, welche die Aufnahme von Lebensmittel regulieren. Und Sie werden feststellen, wie künstlich und ekelhaft diese Nahrungsmittel schmecken, wenn Sie sich erstmal eine ganze Zeit davon entwöhnt haben.

Wie benutzen Sie Achtsamkeit, um die somatische Intelligenz wieder herzustellen? In Bezug auf Essen kennen Sie es schon: ausgiebig kauen, die Speise genießen und sich auf den Geschmack konzentrieren. Wie fühlen Sie sich danach – auch Stunden später noch? Müde, schlapp oder voll guter Laune? Wie haben Ihr Bauch und Ihre Verdauung reagiert? Achten Sie darauf, ob Beschwerden auftreten oder bestehende sich verbessern. Horchen Sie in sich. Das kostet Sie keine Zeit extra.

Gehen Sie achtsam mit Ihrer Stimmung um. Bei Trübsinnigkeit und schlechter Laune sorgen Sie dafür, dass Glückshormone ausgeschüttet werden: lächelnd bewegen.

Suchen Sie sich eine Bewegungsart, die Ihnen Freude macht und sich in Ihren Alltag integrieren lässt. Probieren Sie gerne verschiedene Sachen aus, bis Sie etwas gefunden haben, was Sie nicht als Pflichtübung empfinden. Dann wird Bewegung oder Sport zur angenehmen Gewohnheit und die somatische Intelligenz in Ihnen wird Sie erinnern, sollten Sie einmal länger als gewohnt ausgesetzt haben.

Werden Sie selbst zu *Ihrem* wichtigsten Lebensberater – durch das Vertrauen in die Intelligenz Ihres Körpers.

Erste Hilfe bei Heißhungerattacken

Dennoch – aller Anfang kann schwer sein. Deshalb gebe ich Ihnen ein paar Tipps als Sofortmaßnahmen:

- Als Erstes sollten wir es immer mit Trinken versuchen. Hunger- und Durstgefühl gleichen sich und wir nehmen Durst oft als Hunger war.

- Wenn die Heißhungerattacken nicht jeden Tag von morgens bis abends auftreten, sollten wir ihnen auch mal nachgeben, allerdings auf wenig beschränken. Also nur einen Riegel Schokolade statt einer ganzen Tafel, ein oder zwei Sahnebonbons statt einem Stück Sahnetorte, eine Kugel Eis statt einen ganzen Becher mit Schlagsahne, eine Handvoll Chips statt der ganzen Tüte. Wenn wir nämlich voll zuschlagen, steigt der Insulinspiegel.

Dadurch sinkt der Zuckerspiegel im Blut sehr schnell. Und schon signalisiert das Hirn: mehr Zucker! Die nächste Heißhungerattacke ist die Folge.

- Anders verhält es sich bei einem Mangel an Glückshormonen. Nahrung sättigt in dem Fall nicht das Gemüt. Trostgefühl wird nur vorgeheuchelt und hält nicht lange an. Die Gefahr einer Zuckersucht besteht. Füttern Sie die Seele mit positiven Gedanken und unterstützen Sie das Ganze mit Bewegungs- und Entspannungsarten. Ganz schnell wirkt lachen, lächeln oder auch grinsen. Tun Sie es, auch wenn Sie traurig sind oder schlechte Laune haben und Ihnen so gar nicht nach Lachen zumute ist. Das Gehirn lässt sich bluffen und reagiert mit der Ausschüttung von Serotonin. Nach fünf Minuten sollte die Heißhungerattacke vergangen sein, wenn seelische Gründe die Ursache sind. In dem Fall ist die Nutzung der somatischen Intelligenz ebenfalls sehr hilfreich: Forschen Sie nach dem Grund Ihres Miesepeters und sprechen Sie diesen aus. Steht aktuell kein Gesprächspartner zur Verfügung, führen Sie ein Selbstgespräch. Aufschreiben ist auch hilfreich.

- Auch Langeweile kann Attacken auslösen. Nichts Besseres zu tun als Essen zum Zeitvertreib? Wenn Sie auch nur einige meiner Empfehlungen anwenden, dürften Sie schon mal keine Langeweile mehr haben. Die Atemübungen und Bewegung sind nicht nur Beschäftigungstherapien, sie eignen sich auch hervorragend, den Heißhunger zu vergessen. Atemübungen an der frischen Luft bei einem Spaziergang wirken noch besser, denn der Sauerstoff beruhigt auch die Heißhungernerven. Ansonsten beschäftigen Sie sich mit irgendetwas. Wenn Sie keine Schublade aufzuräumen haben, erfinden Sie Blödsinn. Nehmen

Sie sich ein Blatt Papier und malen etwas in blauer oder schwarzer Farbe. Warum? Blau und Schwarz haben so gar nichts mit Essen zu tun. Ihre Geschmacksnerven werden also nicht weiter angeregt. Na gut: Es gibt Schwarzwurzeln und schwarzen Rettich – aber keine blauen Pommes mit schwarzer Mayonnaise. Also – keine Ausrede: Langeweile zählt nicht mehr! Ach ja, da war noch etwas: Vielleicht haben Sie noch ein paar Karteikarten zu schreiben?☺

- Gesunde Lebensmittel (Ballaststoffe, Gemüse, Obst, komplexe Kohlenhydrate, Eiweiße, Nüsse) sättigen uns schneller und anhaltender. Blutzuckerschwankungen, die Heißhungerattacken auslösen, werden vermieden.

- Mir als große Raupe Nimmersatt dauert es oft zu lange, bis das Essen fertig gekocht ist. Wenn ich hungrig bin, brauche ich sofort etwas, sonst wird mir schlecht. Da ich aber täglich frisches Gemüse esse, fliegt bereits beim Schnippeln was in die Kauleiste. Das für Sie nur als Tipp, die Zubereitungszeit mit dem Nützlichen zu verbinden.

- Beachten Sie auch, dass ein Sättigungsgefühl erst ca. 20 Minuten nach der Nahrungsaufnahme eintritt.

- Erinnern Sie sich an die Bitterstoffe. Sie wenden prima Heißhunger ab. Auch scharfe Gewürze helfen. Bestimmt kennen Sie das: nach Feierabend noch schnell in den Supermarkt und das Nötigste besorgen. Der Tag war mal wieder stressig und die Regale mit den Süßigkeiten wirken auf Sie wie Blüten auf Bienen. Betreten Sie den Laden mit dem Gedanken, scharfe Chilischoten kaufen und essen zu wollen. Dabei ist es egal, ob Sie wirklich welche kaufen oder die Dinger auch gar nicht mögen. Denken Sie einfach nur daran und der Heißhunger verschwindet. Das Gehirn polt Ihre Gelüste um auf Gesundes. Statt Schokolade landet dann eher ein Pfund Tomaten in Ihrem Einkaufswagen. Chilischoten können Sie natürlich trotzdem mitnehmen, wenn Sie möchten.

- Wer unbändige Lust auf Schokolade hat, will keinen Apfel. Versuchen Sie es mit dunkler Schokolade mit hohem Kakaoanteil. Eine gute Alternative sind auch Trockenfrüchte, denen kein Zucker zugesetzt wurde. Sie sind trotzdem sehr süß und haben sogar in mancher Hinsicht eine positivere Wirkung als die frische Frucht. Ihr Gehalt an Ballaststoffen ist sehr hoch. Feigen und Datteln wirken extrem basisch. Achten Sie beim Kauf von Trockenfrüchten darauf, dass nur der Fruchtzucker enthalten ist und die Früchte nicht geschwefelt sind. Sie können sich auch ein Studentenfutter selbst zusammenstellen. Einfach verschiedene naturbelassene Nusssorten mit einigen Rosinen, Sultaninen oder Korinthen mischen. Diese kleinen getrockneten Weinbeeren enthalten sehr viele Nährstoffe und sind fettarm. Aber es ist auch viel Fruchtzucker drin – deshalb bitte nicht zu großzügig verwenden!

- Ich weiß, ich wiederhole mich - doch ich kann es nicht oft genug erwähnen: Essen Sie langsam und kauen Sie ausgiebig. Für Notfälle schneiden Sie Dinkel- oder Roggen-Vollkornbrot in kleine Stücke und lassen sie trocknen. Damit können Sie prima ein Kautraining machen, der Heißhunger verschwinden lässt und die grauen Zellen joggen entlang den Nervenbahnen um die Wette.

- Sie verwerfen alles und meinen, ohne Ihre tägliche Tafel Schokolade, die Tüte Weingummi oder Chips nicht existieren zu können? Kein Problem: Kasteien Sie sich auf keinen Fall selbst! Geben Sie den Gelüsten nach. Warten Sie aber einige Minuten. In dieser Zeit überlegen Sie, was Sie wirklich wollen und bestimmen, wieviel davon in einem vernünftigen Rahmen liegt. Dann legen Sie sich die Portion zurecht und zeremonieren Sie als läge vor Ihnen das achte Weltwunder: Schauen Sie sich das Objekt Ihrer Begierde genau an, riechen Sie daran, reiben es an den Lippen und lecken den Geschmack ab. Dann stecken Sie sich das erste Stück langsam in den Mund. Schokolade lassen Sie langsam und genüsslich im Mund zergehen, wobei Sie es von der Zunge zum Gaumen und in die Backen befördern. Mit einem Stück Chips gehen Sie genauso vor. Zerbeißen Sie es und lauschen dem Knacken. Ob Schokolade, Weingummi oder Chips – es ist ein ganz anderes Gefühl, als wenn Sie die Sachen einfach so in sich hinein stopfen.

  Oftmals ist der Heißhunger bereits nach dem ersten Stück gestillt. Wenn nicht, verzehren Sie die Portion auf die gleiche genussvolle Weise.

- Nehmen Sie sich auf gar keinen Fall vor, auf alles verzichten zu wollen, was ungesund, Ihnen aber lieb ist. Es ist alles erlaubt – aber in Maßen. Wenn Sie sich selbst Leckereien verbieten, werden diese so wichtig, dass sie wie dicke Brummer um Ihren Kopf kreisen und der Heißhunger gerät vollständig außer Kontrolle.

Zuckersucht

Meine Sofortmaßnahmen gelten nicht für Zuckersüchtige, für die Zucker eine Droge ist! Zucker ist in dem Fall genauso gefährlich wie Nikotin, Alkohol oder Rauschgift. Wie für alle Süchtigen gilt nur eines: nichts! Süchtig nach Zucker ist, wer den Verzehr nicht mehr kontrollieren kann. Wie bei allen Suchterkrankungen treten auch hier Entzugserscheinungen auf, sobald man einige Stunden nichts Zuckerhaltiges zu sich genommen hat. Diese zeigen sich in schlechter Laune, Gereiztheit bis hin zur Aggressivität. Teilweise werden auch Süßigkeiten gehortet und vor den Mitbewohnern versteckt, um sie dann heimlich in sich rein zu stopfen. Alkoholiker machen es mit ihrer Flasche Korn oft nicht anders. Diesen Menschen kann man auch nicht raten, nur noch ein Glas am Tag zu trinken, um von der Alkoholsucht weg zu kommen. Da ich davon ausgehe, dass nicht so viele von Ihnen oder niemand davon betroffen ist, erspare ich Ihnen, das Thema näher zu vertiefen.

Für alle Fälle hier nur ein paar Verhaltensregeln:

- Alles Zuckerhaltige muss komplett gestrichen werden.
- Beim Einkaufen die Zutatenliste lesen. Auch wenn nur wenig Zucker drin ist: zurück damit ins Regal. Ab sofort gilt die «0-Prozent-Zucker-Regel».
- Auch Fruchtzucker, Honig und Dicksäfte meiden.
- Keine isolierten Kohlenhydrate (Weißmehl, Nudeln, Reis) verzehren. Umsteigen auf komplexe Kohlenhydrate (Vollkornprodukte, Pseudogetreide).
- Keine Fertiggewürze, sondern nur frische oder getrocknete Kräuter und etwas Salz verwenden.
- Auf Koffein und Alkohol möglichst verzichten.

- Die Gier nach Süßem durch Mundspülungen mit Xylit drosseln. Die Spülung ausspucken.
- Ansonsten gelten alle Anregungen aus diesem Buch für eine gesunde Lebensweise.

Das Salz auf dem Ei

Nach dem Zucker komme ich zum Salz und stelle auch hier die Frage, ob wir Salz brauchen. Ich stoße immer wieder auf Menschen, die sich gesund ernähren und ihre Mahlzeiten aus frischen Zutaten bereiten. Diese berichten mir oft stolz, sie benutzen gar kein Salz und würzen nur mit Kräutern.

Salz ist das einfache Wort für Natriumchlorid. Natrium und Chlorid sind absolut notwendige Mineralstoffe, denn sie sorgen für die Reizweiterleitung im Körper. Bei einem Mangel arbeiten unsere Nerven- und Muskelzellen nicht.

Das bedeutet, unser Körper wäre ohne Salz in allen Funktionen lahm gelegt. Noch nicht einmal denken könnten wir mehr. Natrium ist außerdem basisch und beteiligt sich daher an einem ausgeglichen Säure-Basen-Haushalt. Also Frage beantwortet: Ja, wir brauchen Salz nicht nur – es ist überlebenswichtig! Eine salzfreie Ernährung schadet unserem Körper. Das zu Ernährungsberatern, Ärzten, Forschern usw. die alle meinen, Salz sei ungesund und deshalb unbedingt zu meiden.

Einen Hunger auf Salz kennen wir, auf Vitamine jedoch nicht. Wie kann das sein? Da Salz lebensnotwendig ist, wurden wir als Säugetier mit dem entsprechenden Hunger-Trigger ausgestattet. Unsere Vorfahren waren gezwungen, sehr lange nach natriumhaltigen Lebensmitteln zu suchen. Und dies taten sie instinktiv. Die Evolution ging im Gegenzug davon aus, dass Vitamine durch Pflanzen ohnehin aufgenommen werden und ließ diesen Hunger-Trigger weg.

Wer sich von Fertigprodukten ernährt, braucht sich um eine Salzunterversorgung keine Gedanken machen. Das ist wohl auch der einzige Vorteil. Fraglich ist allerdings, ob dieses zugefügte Salz auch gut und eine Salzüberversorgung schädlich ist. Sie ahnen es bereits: Salz in Fertignahrung ist überhaupt nicht gut. Dazu komme ich gleich noch. Eine Salzüberversorgung kann uns umbringen. Sofort, wenn wir Salz esslöffelweise auf einmal zu uns nehmen würden (macht zum Glück ja niemand), fallen wir tot um. Der Todesfall verlangsamt sich bei einer Verteilung über einen längeren Zeitraum durch die Entstehung diverser Krankheiten (Wassereinlagerungen, Bluthochdruck, Osteoporose, Krebs).

Fakt ist aber, dass wir Salz zu uns nehmen müssen. Die tägliche Menge sollte sechs Gramm nicht überschreiten. Dieses nur zu Ihrer Kenntnis. Sie müssen nichts abwiegen. Das wäre ohnehin ein sinnloses Unterfangen, denn selbst wenn Sie komplett auf Fertignahrung verzichten, findet sich Salz noch im Brot vom Bäcker, im Mineralwasser und vielem mehr. Salzen Sie gerne Ihr Frühstücksei und Ihre selbst zubereiteten Speisen sparsam. Benutzen Sie zusätzlich Gewürze und Kräuter. Dann kann überhaupt nichts schiefgehen. Wenn Sie bisher häufig Fertigprodukte gegessen haben, und nach einigen Wochen der Ernährungsumstellung ein solches noch einmal probieren, werden Sie es als viel zu salzig empfinden.

Gibt es schlechtes und gutes Salz? Ja, gibt es. Hier für Sie ein kleiner Überblick über Salzarten:

Kochsalz

Alle industriell hergestellten Nahrungsmittel enthalten Kochsalz. Dieses finden wir im Supermarkt auch unter den Namen Speisesalz, Markensalz, Tafelsalz und mit den Zusätzen *jodiertes Salz, unter Zugabe von Fluorid* oder *mit Rieselhilfe*. Egal, wie es sich nennt: Es wurde stark verarbeitet. Schadstoffe wie zum Beispiel Schwermetalle wurden entfernt, was ja prima ist. Aber ebenso auch sämtliche Mineralstoffe – mit Ausnahme von Natriumchlorid. Deswegen muss dem Verbraucher vorgegaukelt werden, Jod im Salz sei gut. Jod im Kochsalz kann jedoch die Gesundheit der Schilddrüse äußerst negativ beeinflussen. Die Jodversorgung können wir gesünder mit Brokkoli, Champions, grünem Blattgemüse, Erdnüssen, Cashewkernen und Algen gestalten.

Die beseitigten Mineralstoffe werden durch Rieselhilfen mit teilweise unaussprechlichen Namen ersetzt. Ich belästige Sie nur mit zweien davon: eines ist Aluminiumhydroxid. Aluminium ist ein schweres Gift und kann zu Alzheimer führen. Eine weitere Rieselhilfe ist Kaliumhexacyandidoferrat (E536) und enthält hochgiftige Blausäure, welche die Zellatmung zum Stillstand bringt. Mir ist es ein Rätsel, warum E 536 als Zusatzstoff in Nahrungsmitteln – wenn auch limitiert - erlaubt ist. Auf Packungen suchen wir oft vergeblich, was als Rieselhilfe verwendet wurde. Meist findet man nur «mit Rieselhilfe».

Meersalz

Meersalz stammt, wie der Name sagt, aus den Meeren. Es ist im Gegensatz zum Kochsalz naturbelassen. Dies bedeutet aber auch, dass die Schadstoffe der heutigen Meere in dem Salz enthalten sind. Eine Unterart ist das «Fleur de Sel». Es hat einen besonderen Geschmack, da es sehr reich an Magnesium und Calcium ist. «Fleur de Sel» kommt weder gewaschen noch gemahlen in den Handel. Deswegen ist es grobkörniger und sollte nicht wie ein Kochsalz, sondern nur zum Nachsalzen verwendet werden.

Steinsalz

Steinsalz könnte man auch „Urmeersalz" nennen. Es stammt aus Meeren, die vor Milliarden von Jahren einmal existiert haben. Meistens hat sich aus diesen Meeren das Steinsalz gebildet, welches heute in Salzbergwerken abgebaut wird. Es gibt aber auch noch in unendlicher Tiefe das ursprüngliche Wasser dieser Meere. Dieses wird in einem aufwendigen Verfahren an die Oberfläche geleitet, um daraus das Salz zu gewinnen. Steinsalz oder Urmeersalz ist in jedem Fall frei von allen Umweltschadstoffen und vollständig naturbelassen.

Eine Unterart des Steinsalzes ist das Kristallsalz, auch unter Himalaya-Salz bekannt. Dieses Salz kann der Körper besonders gut aufnehmen und verstoffwechseln. Das soll so sein, weil bei der Auffaltung des Himalayas ein extrem hoher Druck entstand und das Salz Elemente in kleinster Teilchenform enthält. Himalaya-Salz steht neuerdings etwas im Kreuzfeuer, weil die gesundheitliche Wirkung vielerseits angezweifelt wird.

Natürlich kann ausschließlich über Salz und sei es noch so gut, keine gesunde Ernährung bewirkt werden. Deswegen ist eine Überbewertung fehl am Platze. Letztlich ist es auch eine Frage des Geschmacks. Ich habe mich für das persische Blausalz, ein Steinsalz, entschieden und empfinde es nahezu als Delikatesse. Zum Kochen verwende ich naturbelassenes Ur-Salz aus dem Bioladen.

Übrigens...
...erscheint es nicht lächerlich,
bei einem Steinsalz eine Mindesthaltbarkeit anzugeben?
Es hat doch schon Milliarden von Jahren
auf dem Buckel.

Multitalent - die Sole-Lösung

Jawohl - auch das angeblich zu meidende Salz wird zu einem Multitalent, indem wir eine Sole-Lösung herstellen.

Eine Sole-Lösung besteht aus Salz und reinem Quellwasser und ergibt etwas ganz anderes als nur Salz und Wasser. Durch einen chemischen Prozess entstehen neue Strukturen und damit auch neue Eigenschaften. Die Lösung lässt sich wunderbar einfach, dauerhaft pflegeleicht und ganz ohne Chemielabor herstellen. Sie benötigen ein verschließbares Gefäß, zum Beispiel ein Einmachglas. Verwenden Sie auf gar keinen Fall ein Gefäß mit Metalldeckel, denn Metall verändert die chemische Struktur der Sole. Im Bioladen erhalten Sie Stein- oder Kristallsalz in Brockenform sowie Quellwasser. Das Quellwasser sollte einen niedrigen Mineraliengehalt haben, möglichst weniger als 0,5 Gramm pro Liter. Füllen Sie das Gefäß bis zur Hälfte mit den Salzbrocken, gießen das Glas mit dem Quellwasser auf und setzen den Deckel drauf. Nach einer Stunde ist Ihre Sole-Lösung fertig. In dieser Zeit hat sich ein Teil des Salzes aufgelöst und zwar bis zu einem Sättigungsgrad von 26%. Die Salzbrocken verbleiben im Glas. Sie müssen nicht umrühren und das Gemisch auch niemals erneuern, denn es ist hoch antibakteriell. Weder Bakterien, Keime oder Viren können darin überleben. Die Sole eignet sich also auch zur Desinfektion. Die einmal angesetzte Sole wird niemals schlecht, wenn die Sättigung beibehalten wird. Dazu müssen nur neue Salzbrocken vor deren Auflösung und Quellwasser vor dessen Verbrauch aufgefüllt werden. Es ist egal, ob das Glas nur noch ein Viertel voll ist, die Sättigung beträgt immer 26%.

Geben Sie morgens einen halben bis ganzen Teelöffel (nur aus Kunststoff) in ein Glas Wasser und trinken es eine halbe Stunde vor dem Frühstück. Ich verwende warmes Wasser. Oder Sie geben zwei bis drei Teelöffel in eine Literflasche mit Wasser und trinken die Lösung über Tag. Aber Achtung: Der Flüssigkeitsbedarf verringert sich dadurch nicht. Die Trinklösung ist auch nicht als Kur zu verstehen, die wir nur über einen gewissen Zeitraum anwenden. Wir können die Sole dauerhaft zu uns nehmen.

Das Gefäß sollte nicht direkt neben einem Elektrogerät stehen. Eine sonnige Fensterbank hebt den Effekt der Sole durch das Licht. Zum Salzen von Speisen, besonders Suppen, ist die Sole-Lösung auch sehr gut geeignet. Mir schmeckt auch mal ein halber Teelöffel gut im Kaffee. Das neutralisiert auch gleich die Säure im Kaffee.

Und was bewirkt eine Sole-Lösung? Das Gemisch wirkt energetisch regulierend. Es gleicht aus, wo Defizite im Körper sind und sorgt dafür, dass sich Körperflüssigkeiten in gesunde Richtungen bewegen.

Bei zu hohem oder zu niedrigem Blutdruck beispielsweise kann die Sole ausgleichen. Außerdem entschlackt die Trinklösung. Nebenwirkungen sind deshalb am Anfang nicht ausgeschlossen, aber harmlos. Einfach die Dosis reduzieren, bis sich Ihr Organismus darauf eingestellt hat.

Die Anwendungsmöglichkeiten sind vielfältig. Als Inhalation hat die Sole entzündungshemmende und abschwellende Wirkung. Sie hilft bei Atemwegserkrankungen und Allergien. Bei Hauterkrankungen sind Solebäder empfehlenswert. Umschläge mit Sole lindern rheumatische und Arthrose-Schmerzen. Fußbäder in Sole können bei Fußpilz hilfreich sein. Die Zahnbürste in der Sole-Lösung getränkt und Zähne damit geputzt beseitigt Zahnbelege. Die Zahnbürste können wir in der Lösung prima desinfizieren. Bei mir hilft Sole auch sofort gegen juckende Mückenstiche.

Unser innerer Arzt

Wir alle haben einen inneren Arzt – es sind unsere *Selbstheilungskräfte*. Das hat nichts mit Esoterik zu tun. Wenn wir eine Wunde haben, schließt sie sich von selbst. Okay – manchmal brauchen wir ein Pflaster, um die Blutung zu stillen.

Unser Körper kann Krankheitszustände überwinden. Mehr ist unter Selbstheilung nicht zu verstehen.

Ungesunde Lebensweise hat leider dafür gesorgt, dass bei vielen Menschen die Fähigkeit der Selbstheilung verkümmert ist. Holen wir sie doch einfach zurück – mit ausreichender Bewegung, gesunden Lebensmitteln, einer nachhaltigen Reduzierung von Stress und glücklich sein.

Selbstheilungskräfte zu aktivieren, bedeutet auch das Zusammenspiel von Körper und Geist. Eine entscheidende Rolle spielen positive Gedanken. Als Beispiel nenne ich den *Placebo-Effekt*. Ein Placebo ist eine inhaltslose Pille ohne Wirkstoffe, aber mit Wirkung. Placebos werden überwiegend in der Forschung eingesetzt, um neue Medikamente zu testen. Eine Gruppe erhält das neue Medikament, die andere Gruppe das Placebo. Natürlich wissen die Patienten nicht, dass sie nur ein Placebo einnehmen. Sie werden jedoch durch die Zuversicht des Arztes auf Genesung manipuliert. Der Patient vertraut auf die positive Wirkung und wird gesund. Sogar die Nebenwirkungen des Beipackzettels, die es bei einem Placebo gar nicht gibt, können auftreten.

Bei der Genesung durch ein Placebo geschieht das, was ich schon zum Lächeln geschrieben habe: Das Gehirn lässt sich bluffen. Durch die Erwartung und das Vertrauen auf Besserung werden Glückshormone freigesetzt, die für Heilung sorgen und letztlich sogar erforderliche Schmerzmittel liefern. Wir haben also nicht nur einen inneren Arzt, sondern auch eine innere Apotheke.

Ich will Ihnen nicht einreden, nur auf Ihre Selbstheilungskräfte zu vertrauen. Bei auftretenden Beschwerden ist es unschädlich, lieber einmal mehr zum Arzt zu gehen. Der *äußere Arzt* kann Unterstützung vom *inneren Arzt* jedoch gut gebrauchen. Beide können sich kompetent ergänzen.

Krankheiten und Symptome können Zeichen oder Botschaften unseres Körpers sein. Wir sollten sie deuten und übersetzen. Bei einem Schnupfen zum Beispiel ist die Nase dicht. Können wir vielleicht jemanden nicht riechen? Oder haben wir die Nase von etwas voll? Große Wut, bei der wir «Gift und Galle spucken», kann für Gallensteine verantwortlich sein. Für fast alle Erkrankungen lassen sich seelische Ursachen finden. Ob diese wirklich ursächlich sind oder ob es doch die ungesunde Lebensweise ist, kann pauschal nicht beantwortet werden. Sicher ist nur, dass wir mit seelischen Problemen bei einem intakten Körper besser umgehen können.

Zu Krankheiten muss es gar nicht erst kommen, wenn wir einer gesunden Lebensweise nachgehen und die Kraft der Gedanken einsetzen.

Aber erstmal mache ich Ihren Kopf leer:

Gedankenleere

Gedanken können wir ausschalten. Das glauben Sie mir nicht? Sie meinen, irgendwas denken wir immer? Manche Menschen sagen, dass Meditation Gedanken ausschaltet. Ich kann das nicht beurteilen, weil ich nicht meditiere.

Gedanken auszuschalten geht auch einfacher und schneller. Machen Sie den Versuch: Schließen Sie die Augen und fragen sich immer wiederholend: *„Was denke ich gleich?"* Sie können die Frage auch nach

Ihrem Geschmack umformulieren. Das Ergebnis ist immer dasselbe: Sie denken nichts mehr, zumindest nichts Greifbares. Anfangs existiert vielleicht noch ein verschwommenes Gewusel im Kopf, aber kein klarer Gedanke.

Für diesen Effekt gibt es eine einfache Erklärung: Das Gehirn ist überfordert. Es kann tatsächlich nicht beides: warten (auf einen Gedanken) und denken.

Gedankenleere ist nicht immer so zu verstehen, dass wir nichts mehr denken. Um auf das Placebo-Beispiel zurück zu kommen: Sobald die Krankheitsbeschwerden nachlassen, denken wir weniger über die Erkrankung nach. Dies unterstützt nochmal den Heilungsprozess.

In der heutigen Zeit sind wir vielen Anforderungen im Beruf, in der Familie und an uns selbst ausgesetzt. Unser Denkapparat läuft ständig auf Hochtouren. Gönnen wir unserem Kopf öfter mal eine Pause und schalten Gedanken einfach ab.

Gedankenleere ist auch ein sehr wirksames Mittel bei Schlafstörungen. Am Tage sind wir viel abgelenkt, doch wenn wir im Bett liegen und zur Ruhe kommen möchten, piesacken uns blöde Gedanken und hindern uns am Einschlafen. In dem Fall fragen Sie sich: „Was denke ich gleich?" Sie werden einschlafen, wenn Gedanken die Ursache der Schlafstörungen sind.

Es gibt weitere Tricks, Gedanken auszuschalten. Sie kennen das berühmte Schäfchen zählen. Zählen Sie mal keine Schäfchen, sondern ab 100 rückwärts. Zählen Sie langsam und stellen sich jede Zahl bildlich vor. Auch dabei schafft es das Gehirn nicht, an etwas anderes zu denken.

Natürlich sollen und wollen wir nicht mit dauerhafter Leere im Kopf verharren, das geht gar nicht und wäre wenig zweckdienlich, denn unsere Gedanken (wenn es die richtigen sind), können so machtvoll sein, dass wir ungeahnte Wunderwerke vollbringen. Mit diesem so wichtigen Thema wollen wir uns jetzt beschäftigen.

Die Kraft der Gedanken

Es hat einen Grund, dass Sie dieses Buch lesen. Sie wollen etwas in Ihrer Lebensweise verändern, sich gesund und fit fühlen oder abnehmen. Vielleicht haben Sie schon andere Ratgeber gelesen, zustimmend genickt, die Anregungen eine Weile umgesetzt, um dann in den alten Trott zu verfallen.

Egal, was Ihr Ziel ist – Sie möchten es dauerhaft erreichen und zwar ohne Lebensqualität zu verlieren. Wenn Sie Ihre ausgewählten Anregungen aus diesem Buch mit der Kraft der Gedanken koppeln, können Sie nur gewinnen.

Am Anfang des Buches habe ich geschrieben, dass Sie den tieferen Sinn des Schreibens von Karteikarten noch erfahren werden. Jetzt ist es so weit, aber ich fange von vorne an:

Unsere Gedanken geben dem Leben die Richtung vor. Ein positives oder negatives Gefühl hängt nicht von Ereignissen ab, sondern wie wir über die Ereignisse denken. Unsere Gedanken entscheiden, ob wir uns gut oder schlecht fühlen.

Gedanken sind wie Magnete: Denken wir negativ, folgen weitere negative Gedanken, verursachen negative Gefühle, gedrückte Stimmung und lähmen uns. Positive Gedanken ziehen weitere positive Gedanken an, sorgen für positive Gefühle, gute Laune und machen uns handlungsfähig.

Durch die Kraft der Gedanken können wir positiver und optimistischer werden. Und damit gesünder und energiegeladener, produktiver und entscheidungsfreudiger, aber auch belastbarer. Wir können

Krankheiten bekämpfen, mit Tiefschlägen und Trauer umgehen, Stress bewältigen und erfolgreich sein.

Unsere Gedanken beeinflussen nicht nur unsere Stimmung, sondern auch die Entwicklung in unserem Leben. Henry Ford sagte einst: *„Ob du denkst, du kannst es oder du kannst es nicht – du wirst auf jeden Fall Recht behalten!"* Zweifeln wir an dem Gelingen unseres Vorhabens, scheitern wir. Glauben wir an das Gelingen, erreichen wir den gewünschten Erfolg. Wir alle kennen den Spruch: Der Glaube versetzt Berge.

Gedanken wirken auf Gefühle, Wahrnehmung sowie Verhalten und werden Wirklichkeit.

Wahrnehmung entsteht aus dem, was wir denken – nicht daraus, was wir wollen oder nicht wollen. Unser Gehirn arbeitet ähnlich wie eine Suchmaschine im Internet. Was gedacht wird, erscheint dem Gehirn wichtig, wird gesucht, verankert sich und der Körper reagiert – sogar mit Krankheiten. Haben Sie schon mal erlebt, dass Sie rechtzeitig zu einem Ihnen unangenehmen Termin eine Erkältung bekommen? Sie wollten zwar keine Erkältung haben, aber auf den Besuch zu Tante Bertas 90. Geburtstag hatten Sie auch keine Lust. Ihre Gedanken und Ihr Körper haben Ihnen den Besuch erspart.

Ich gebe Ihnen auch ein Beispiel zu dem, was wir wollen: Paul sollte sich zunächst mental auf die Ernährungsumstellung einstimmen. Ich hielt es damals schon für eine Kopfsache. So gab ich ihm folgende Anweisung:

1. «Du begehst den Fehler, deine deutlichen Überwachsungen an ungünstigen Stellen schielend im Spiegel zu beäugen und nörgelst darüber herum.» = *negatives Gefühl*

2. «Lass das und dreh den Spieß um! Schaue in den Spiegel (nicht nur schielen) und stelle fest, was du an dir gut und schön findest. Bringe dich selbst dahin, dass du mit deinem Aussehen höchst zufrieden bist. Lächele dein Spiegelbild an.» = *positive Wahrnehmung*

3. «Dieses so von dir selbst erzeugte Leitbild wird sich in deinem Unterbewusstsein abspeichern und du wirst dich auf das positive Bild hin entwickeln. Sage dir: Mein Körper wird Fettreserven abbauen.» = *Verhalten*

Paul baute Fettreserven ab und wurde nebenbei auch noch gesünder. Seine Wünsche wurden Wirklichkeit.

Zuvor hat Paul seine ganze vergeudete Aufmerksamkeit auf das gerichtet, was er nicht wollte, statt das wahrzunehmen, was er wollte. Aber mit Paul ist alles normal und mit Ihnen auch, falls Sie sich jetzt ertappt fühlen. Wir Menschen sind oft so strukturiert, unsere Energie in das Negative zu stecken: in das, was wir nicht wollen. Sie dürfen diese mentale Einstimmung auch gerne bei sich anwenden. Sie funktioniert in allen Lebenslagen und muss textlich nur angepasst werden.

Wir alle wurden geprägt: durch Kindheit, Erziehung, Beziehungen, Beruf und Umfeld. Meistens bemerken wir gar nicht, dass der eine oder andere Denkfehler einfach übernommen wurde. Irgendwann bemerken wir vielleicht eine trübselige und negative Stimmung. Selbst das finden wir normal und schieben es auf die Umstände.

Hinterfragen Sie Ihre Gedanken, statt ihnen frustriert zu lauschen. Woher kommen sie? Wer hat Ihnen das gesagt? Warum hat man Ihnen das gesagt? Ist das, was man Ihnen sagte, richtig? Geht es auch anders? Was kann so bleiben, was können Sie ändern? Was wollen Sie ändern?

Wir kennen alle das Bild einer Person, die sich von ihrem Bernhardiner durch die Straßen ziehen lässt. Wer läuft hier eigentlich mit wem? Ebenso können wir uns fragen: Kontrolliere ich meine Gedanken oder kontrollieren meine Gedanken mich? Oder haben Andere meine Gedanken an der Leine? Die wenigsten erforschen, wie sie denken. Popeln Sie in Ihren Gedanken herum und fischen die Buhmänner heraus.

Es gibt nur zwei Möglichkeiten, etwas im eigenen Leben zu verändern:

1. entweder wir verändern die Sachlage oder
2. die Einstellung dazu.

Die Sachlage zu ändern liegt in unserem Einflussbereich. Wenn wir Dinge nicht beeinflussen können, sollten wir uns eine andere Einstellung dazu schaffen.

Wir können unseren Geist aktiv mit positiven Informationen füttern! Dies bedeutet nicht, Negatives einfach in Positives umzudrehen. Sich eine rosa-rote Brille aufzusetzen wäre weltfremd, führt zu keiner Lösung und kann sich sogar toxisch auswirken. Dann hätten wir das Gegenteil erreicht, von dem was wir wollen. Negative Gedanken, ausgelöst durch Misserfolge, Fehler, Ärger, Wut und Enttäuschungen brauchen ihren Raum. Nur dann können wir sie verarbeiten, verstehen und zukunftsorientiert handeln. Ich komme zurück auf das Thema «loslassen». Gestatten Sie Ihrer Seele, sich mit dem Problem auseinander zu setzen und verdrängen es nicht einfach. Den Weg sollten Sie selbst finden: mit einer Person Ihres Vertrauens reden, ein Selbstgespräch führen oder es niederschreiben. Wichtig ist nur, dass Sie sich aktiv damit beschäftigen und nicht nebenher Ihre Fenster putzen. Dabei ist es egal, wie groß Ihr Problem ist. Auch kleine Ärgernisse des

Tages sollten Sie nicht mit ins Bett nehmen wie einen Schmuseteddy und bis zum Schlafengehen verarbeitet haben.

Stellen Sie sich immer die Frage, ob es lohnt, an einem Problem festzuhalten. Was bleibt davon nach ein paar Tagen, Wochen oder Monaten noch übrig?

Ein Zitat sagt aus:

„Die meiste Energie vergeudet der Mensch mit der Lösung von Problemen, die niemals auftreten."

Auch Verluste und Trauer sollten wir verdauen und der Seele dafür Raum geben. Die Heilung seelischer Wunden benötigt Zeit. In diesen Situationen fährt der Körper seine Energie herunter. Er möchte, dass wir zur Ruhe kommen, um zu verarbeiten. Hören Sie auf die somatische Intelligenz Ihres Körpers.

Wenn wir unterscheiden, welche Probleme in unserem Einflussbereich liegen und welche nicht, können wir lernen, Situationen so wahrzunehmen, wie sie sind und als gegeben akzeptieren oder etwas zum Positiven verändern. Dadurch gehen wir mit negativen Ereignissen anders um oder können nach Lösungen suchen und diese auch umsetzen.

«Denke positiv» klingt einfach und ist oft doch schwer umzusetzen. Gedanken setzen sich plötzlich keck in den Kopf und dann werden wir sie nicht mehr los. Vorne rausgeschmissen, kommen sie wie lästige Wanzen durch die Ohrlöcher wieder reingekrabbelt. Wenn wir Gedankenkraft trainieren, finden sie den Eingang nicht mehr.

Aber nicht nur *unser* Gehirn plappert uns den ganzen Tag etwas vor. Auch andere Menschen und Medien manipulieren ungefragt unsere Gedanken. Alles wird abgespeichert.

Ich gebe Ihnen hierzu ein Beispiel aus eigener Erfahrung:

Nach 47 Jahren Berufstätigkeit freute ich mich auf meinen Ruhestand. Ich hatte sehr viele Pläne, die es galt, endlich umzusetzen. Nun kamen andere Menschen daher, die erwähnten, dass es ja aber auch der letzte Lebensabschnitt ist. Schon klar! Nach zwei Studien meinten einige, ich solle mal jetzt lieber die Füße hochlegen und nicht mehr studieren. Ich wollte mir vielleicht einen Hund anschaffen und sollte in meinem Alter doch keinen Welpen nehmen, sondern lieber einen älteren Hund. Ich müsse auch mal meine Duschwanne zu einer bodengleichen Dusche umbauen lassen. Und mein Schlafzimmer könnte ich ja nach unten verlegen. Das sind nur einige Beispiele, die ungefragt meine Gedanken manipulierten.

Ich werde also bald gebrechlich und große Sprünge machen, lohnt nicht mehr. Meine Gedanken suggerierten sich in Richtung meines baldigen Ablebens. Hallo!? Sterbe ich übermorgen? Bin ich zu alt, um das Leben zu genießen? Nein – nicht mit mir! Wenn ich mich auf die Gedanken anderer einließe, würde mein Gehirn all die Gedanken unterstützen, bis diese wahr werden. Wenn ich meine Dusche umbauen ließe, würde mein Gehirn mir sagen: „Fertig – Gebrechen können kommen!" Es weiß doch ohnehin niemand, was morgen oder sogar in der nächsten Minute geschieht. Ich habe mein Gehirn von den Kommentaren anderer bereinigt. Denn auch wie man das Älterwerden erlebt und was sich daraus entwickelt, ist eine Sache der Gedanken. Wer mit 50 oder 60 glaubt, das Leben habe nichts mehr zu bieten, prophezeit sich selbst, dass es so ist und stirbt früher. Ich erzähle meinem Gehirn, wie alt ich werden will und nicht umgekehrt. Und ich mache das, was mir gefällt – ob es sich altersgemäß geziemt oder nicht, ob es anderen passt oder nicht. Damit muss niemand einverstanden sein oder es verstehen, nur ich selbst. Dies gilt für die Entscheidungen aller Menschen - gleich welchem Alter. Jeder von uns sollte mit seinen Entscheidungen in Einklang leben, denn sonst geben wir anderen Menschen die Macht, über unser Leben zu bestimmen.

Wenn Sie im Ruhestand oder auch neben Berufstätigkeit, Kindererziehung usw. ein Studium beginnen möchten, dann tun Sie es. Lernen Sie eine Sprache oder ein Musikinstrument, wenn Sie Lust darauf haben. Sich auf Neues einzulassen, hält den ganzen Körper jung – auch im Alter.

„Es sind nicht die Dinge selbst, die uns beunruhigen,
sondern die Vorstellungen und Meinungen von Dingen."
(Zitat Epiktet)

Alles erscheint in einem anderen Licht, wenn wir positive Informationen an unser Gehirn weiter geben. Es ist nicht einfach und nicht so, als würden wir einen Zauberstab schwingen. Die Nervenzellen im Gehirn (Neuronen) müssen wir trainieren wie die Muskeln. Neuronen nennt man auch «Bausteine des Denkens». Werden sie nicht beansprucht, bilden sie sich zurück. Durch negative Gedanken und Stress nehmen sie sogar Schaden.

Übrigens...
Nichtstun hat die Evolution für uns nicht vorgesehen.
Lücken nicht sinnvoll zu füllen,
kann uns vorzeitig killen.

Unmerkbar, aber sehr bewusst, habe ich Sie im Verlauf des Buches bereits mental auf das Training der Gedanken vorbereitet. Diesmal war ich diejenige, die Ihre Gedanken heimlich manipulierte☺. Wenn Sie auch nur einige meiner Informationen aufgenommen und Ratschläge angenommen haben, wurden Ihre Gedanken neu vernetzt. Machen Sie weiter! Reagieren Sie immer mehr auf negative Gedanken. Das ist wichtig, weil das Umprogrammieren des Gehirns ein Prozess ist, der sich nach und nach selbst verstärkt.

Hören Sie Ihren Gedanken zu. Prüfen Sie, ob sie lügen oder die Wahrheit sagen. Gedanken sind nicht immer falsch. Es gibt einen Trick, um das festzustellen: Setzen Sie sich visuell ein Lebewesen auf Ihre Schulter – eines, was Ihnen zuwider oder unsympathisch ist. Das kann ein Tier sein, welches Sie nicht mögen oder ein Mensch. Vielleicht ein glitschiger Karpfen oder der boshafte Nachbar. Hören Sie, wie das Wesen Ihnen Ihre Gedanken ins Ohr plappert.

Wir Menschen sind eine besondere Spezies. Die Angst, von wilden Tieren gefressen zu werden, steckt uns immer noch in den Knochen. Die überall lauernden Gefahren machen uns zu Schwarzmalern und die Gedanken dazu sind entsprechend hinderlich oder gar hinterlistig. Wenn Ihre Gedanken zu dem unliebsamen Wesen auf Ihrer Schulter passen, sind sie eine Lüge. Dann müssen Sie umdenken und gegen die Lüge argumentieren. Wenn Ihnen dies schwerfällt, platzieren Sie auf Ihrer anderen Schulter ein Lebewesen Ihrer Sympathie und lassen die beiden reden. Aber nur immer einer zurzeit, sonst werden Sie irre.

Beispiel gefällig? Folgende Situation: Sie haben einiges an Ihrer Ernährung verändert und machen jeden Tag einen Spaziergang. Entspannungs- oder Atemübungen haben Sie nicht geschafft und ärgern sich darüber. Auf Ihren Schultern sitzen Engelchen und Teufelchen.

Teufelchen: „Du isst jetzt etwas gesünder und köterst jeden Tag einen Augenblick rum, <u>aber</u> den Rest kriegst du nicht gebacken."

Engelchen: „Höre da nicht hin! Du hast jetzt schon viel richtig gemacht und nur noch nicht alles geschafft."

Teufelchen: „Du schaffst das sowieso nicht. Dir fehlt die Zeit und bald hängst du wieder im alten Trott. Also lohnt es sich nicht, überhaupt weiter zu machen."

Engelchen: „Oh doch! Ich mache jetzt seit drei Wochen etwas und merke schon, dass es mir besser geht. Und ich entspanne mich auch bei dem täglichen Spaziergang, den du kötern nennst. Ich werde weiter machen und ich schaffe den Rest auch noch."

Teufelchen: „Ha…ha! Das ich nicht lache. Was war denn gestern mit der Fertigpizza, die du dir in den Ofen geschoben hast?"

Engelchen: „Weil du mir den ganzen Tag vorgeplappert hast, dass da noch eine Pizza im Gefrierfach ist. Nun ist sie weg und ich brauche mir keine Gedanken mehr darum machen. Und von der rohen Paprika und dem Apfel sagst du nix!? Also höre auf, mich niederzumachen und verzieh dich in deine Hölle."

Formulieren Sie immer wieder negative Gedanken um. Das negative *aber* hat das Engelchen durch *und* sowie *noch* ersetzt. Damit erkennen Sie selbst an, dass Sie schon etwas erreicht haben. Der Gedanke ist kraftvoll und positiv geworden, besonders durch die zweite Argumentation des Engelchens.

Beginnen Sie sinnvollerweise mit den Aspekten einer gesunden Lebensweise, die Sie ja wollen. Suchen Sie sich Ihr persönliches Ziel heraus. Wollen Sie abnehmen und/oder Ihr Gewicht halten? Oder sich einfach nur gesünder ernähren und mehr bewegen? Entspannter und stressfreier Leben? Krankheiten verhindern oder sogar heilen? Mit der Kraft Ihrer Gedanken werden Sie Ihre Ziele erreichen.

Immer wieder habe ich geschrieben, lächeln oder lachen Sie, auch wenn Ihnen gerade nicht danach zumute ist. Vielleicht haben Sie mich belächelt. Das macht nichts, denn dann habe ich Sie zum Lächeln gebracht. Wir alle kennen den Satz «Lachen ist die beste Medizin». Untersuchungen und Studien haben ergeben, dass Glück und Gesundheit miteinander vernetzt sind. Nur durch einige Minuten lächeln kehren Sie negative Stimmung in Positivität um. Probieren Sie es immer wieder.

Es bedarf etwas Training. Ihr Gehirn reagiert, je öfter Sie die Mundwinkel nach oben ziehen. Es ist der erste Schritt, um mit Gedankenkraft vieles zu erreichen.

Autogenes Training

Wie sich Gedanken auch auf unseren Körper auswirken, möchte ich Ihnen anhand des autogenen Trainings erklären. Autogenes Training ist eine Entspannungstechnik, die durch Gedankenkraft wirkt. Die Übung beginnt mit der Schwere- und Wärmeübung des rechten oder linken Armes. Man suggeriert sich selbst gedanklich, dass der Arm schwer und warm ist. Und er *wird* schwer und warm. Das ist keine Einbildung. Die Blutgefäße weiten sich und lassen mehr Blut durch die Adern fließen. Hierdurch entsteht das Schwere- und Wärmegefühl. Gedanken nehmen also direkten Einfluss auf den Körper.

Die Grundübungen des autogenen Trainings bestehen aus der Selbstbeeinflussung des gesamten Körpers (Ruhe), der Arme und Beine (Schwere und Wärme), der Atmung und des Herzens (Ruhe und Gleichmäßigkeit), des Sonnengeflechts (Wärme) und des Kopfes (Kühle). Das Sonnengeflecht ist ein Ring mit Strahlen des vegetativen Nervensystems zwischen Brustbein und Bauch, eines unser größten

Nervengeflechte, welches alle Bauchorgange und den ganzen Körper mit Energie versorgt.

Weiter führend können durch persönliche Vorsätze Probleme (auch gesundheitliche) gelöst und Ziele erreicht werden. Sofern ich Ihr Interesse geweckt habe, finden Sie im Internet nähere Informationen und Übungen. Natürlich gibt es auch jede Menge Fachbücher, anhand derer die Übungen gut in Eigenregie erlernt werden können. Auch Volkshochschulen bieten Kurse an.

Das war nur mal ein kleiner Ausflug in die Gedanken- und Körpergemeinschaft. Nun ist es wichtig, dass Sie erfahren, wie Sie die Macht der Gedanken in der Praxis anwenden. Das Thema ist sehr vielschichtig, Sie erfahren aber das Wichtigste.

Wie Sie Gedankenkraft trainieren

Der Großteil unseres Denkens ist im Unterbewusstsein gespeichert. Dort befinden sich alle Informationen unseres Lebens, auch Unwesentliche, zum Beispiel Fernsehwerbung. Darauf greifen wir nicht direkt zu. Der Übergang von unserem Unterbewusstsein zu unserem Bewusstsein ist löchrig wie eine Häkeldecke und erlaubt uns deshalb den Zugang. Und jetzt schließt sich der Kreis: Denn das funktioniert nur, wenn wir entspannt sind. Ohne Entspannung erreichen wir unser Unterbewusstsein nicht.

Deshalb gilt:
1. Blockaden durch Atmung loslassen.
2. Atmen Sie Probleme, Ärger und schlechte Gedanken aus. Zur Verstärkung gehen Sie mit einem Luftballon ins Freie und pusten das Negative hinein. Verknoten Sie den Ballon, lassen ihn fliegen, bis er kleiner und kleiner wird. Eine virtuelle Vorstellung kann auch ausreichen.

3. Musizieren Sie, hören Sie Musik, singen oder summen. Musik löst Verkrampfungen im Gehirn.
4. Trainieren Sie Ihr Gehirn. Es will wie Knochen und Muskeln gefordert werden.
5. Setzen Sie sich Ziele (Beispiele folgen).
6. Malen Sie von Ihren Zielen ein innerliches Bild in Gedanken oder auf Papier. Das Gehirn wird durch Bilder graphisch unterstützt.
7. Suchen Sie sich Entspannungsübungen, die für Sie geeignet sind und Ihnen Freude machen.

Schaffen Sie sich positive Glaubenssätze (Ziele). Hierbei sollten Sie folgende Spielregeln unbedingt einhalten:

- Formulieren Sie kurz, aber präzise und bestimmt.
- Formulieren Sie ausschließlich in der Gegenwartsform, also nicht: «Ich werde bald gesund», sondern: «Ich fühle mich gesund».
- Formulieren Sie positiv.
  Unser Gehirn versteht keine Verneinung, nimmt Gedanken wörtlich und gibt sie so an das Unterbewusstsein weiter. Also nicht: «Ich nehme *nicht* zu», sondern: «Ich nehme jeden Tag ab».
- Vermeiden Sie auch Wörter von dem, was sie nicht wollen. Wenn Sie zum Beispiel Schmerzen haben, dürfen Sie das Wort *Schmerzen* in ihrem Glaubenssatz nicht verwenden. Der Satz «Ich habe keine Schmerzen» enthält eine Verneinung und das, was Sie nicht wollen. Ihr Unterbewusstsein reagiert darauf mit Schmerzen. Möglich wäre «Ich bin voller Wohlgefühl».
- Formulieren Sie ausschließlich in der Ich-Form.

- Verwenden Sie nie das Wort «muss».

  Wir müssen atmen, essen und trinken, ausscheiden und sterben – mehr nicht. Verbannen Sie das Wort aus Ihrem Alltagsgebrauch und ersetzen es durch «möchte» oder «darf». Sagen Sie sich nicht: «Ich muss putzen», sondern: «Ich möchte putzen» oder auch «Ich bin dankbar, dass ich putzen kann». Viele kranke Menschen würden sich wünschen, putzen zu können. Seien Sie dankbar, dass Sie Heim, Hab und Gut zum Sauberhalten haben und freuen sich darauf, wenn hinterher alles wieder schick ist. Wandeln Sie alles, was Sie bisher mussten, positiv um. Nur «Ich muss mal» darf bleiben☺

Und jetzt bekommen Sie einige Beispiele für positive Glaubenssätze:

- Ich bin einmalig / liebenswert / wichtig / wertvoll
- Ich liebe mich von ganzem Herzen
- Ich halte mein Gewicht mit Leichtigkeit
- Ich fühle mich fit und gesund / Ich bin gesund
- Ich habe ein starkes Immunsystem
- Ich bin immer im Hier und Jetzt
- Ich bewege mich mit Freude
- Ich bin körperlich und geistig flexibel
- Ich schaue voller Zuversicht nach vorne
- Ich habe Zeit für alles, was ich möchte
- Ich bin im Frieden mit mir selbst und mit dem Leben
- Ich bin in meinem Körper zu Hause
- Für alles, was ich brauche, ist immer gesorgt
- Ich bin dankbar für den Reichtum in meinem Leben
- Ich genieße es, Geld zu verdienen
- Ich genieße es, mir alles leisten zu können
- Geld gibt mir die Freiheit, viel Gutes zu tun

Das waren nur Beispiele und keine festgeschriebenen Regeln. Seien Sie kreativ und schaffen sich Ihre eigenen Glaubenssätze. Fangen Sie klein an und jagen nicht gleich einer Elefantenherde nach. Ein Sportler stemmt auch nicht am ersten Tag 100 kg.

Ihre Glaubenssätze schreiben Sie auf Karteikarten. Aha - die Karteikarten! Wenn Sie bereits welche während des Lesens geschrieben haben, sollten Sie diese nach den Regeln des Gedankentrainings umformulieren. Für jeden Glaubenssatz, jedes Ziel, verwenden Sie nur eine Karte. Sie können sich natürlich auch Ziele außerhalb dieses Buchinhaltes setzen. Sortieren Sie nach Wichtigkeit solange, bis nur eine Karteikarte übrig bleibt. Die anderen legen Sie erstmal gut verwahrt beiseite.

Beginnen Sie mit dem wichtigsten Glaubenssatz. Dieser prägt sich sehr gut in Ihr Unterbewusstsein ein, wenn Sie sich entspannen und sich zwanzig Minuten Zeit nehmen, die Formel immer wieder schnell und ohne Pause zu wiederholen. Der Gedanke wird allgegenwärtig sein und ein musikalischer Ohrwurm werden. Sehen Sie sich den Satz auf der Karte jeden Morgen erneut an. Lassen Sie keinen anderen Gedanken und kein *aber* zu.

Was auf Ihrer Karteikarte steht, ist die Wahrheit!

Man sagt, das Gehirn braucht drei bis vier Wochen, um neues Verhalten zu installieren. Bleiben Sie solange diszipliniert, um danach von der Gewohnheit zu profitieren.

Ich gehe noch kurz auf das Malen Ihrer Ziele ein, weil unser Gehirn in Bildern denkt. Sprechen Sie mit Ihrem Gehirn in seiner Sprache und lassen Sie sich von der Wirkung überraschen. Was Sie visualisieren können, werden Sie realisieren.

Wenn Sie zum Beispiel abnehmen möchten, malen Sie in Gedanken von sich ein Bild Ihrer Wunschfigur. Sehen Sie, wie toll Sie in modernen Klamotten aussehen, wie Sie sich rank und schlank am Strand sonnen, wie Sie sich leichtfüßig wie eine Gazelle bewegen. Malen Sie noch einen Rahmen um dieses Bild und Ihr Gehirn hat Ihr hübsches Selbstportrait, zu dem Sie sich entwickeln werden.

Während ich dieses Buch schreibe, sehe ich das fertige Werk in einem tollen Cover in meinen Gedanken vor mir. Ich stelle mir nicht die Frage, ob es gut oder schlecht wird, ich Lob oder Kritik bekomme oder ob es überhaupt verkauft wird. In meinem Bild ist es einfach nur fertig. Und genau das hält die Motivation hoch.

Machen Sie alles frei von Druck und entspannt. Mit Anstrengung bewirken Sie nichts oder sogar das Gegenteil, von dem was Sie wollen.

Nun reicht es natürlich nicht, sich seine Wünsche auf Karteikarten zu schreiben, sich ein virtuelles Bild zu malen und das Unterbewusstsein damit zu füttern. Sie sollten schon etwas dafür tun. Wenn Sie im Lotto gewinnen möchten, wäre ein Lottoschein sinnvoll, wenn Sie auf Partner- oder Freundessuche sind, hilft eine Kontaktanzeige oder unter Menschen zu gehen. Wir können die Liste endlos weiter spinnen, denn die Macht der Gedanken können wir für alles nutzen.

Hier geht es aber um eine gesunde Lebensweise, die Sie dauerhaft leben möchten. Dafür sollten Sie die Anregungen aus diesem Buch befolgen, die für Sie gut sind. Wenn Sie nur lesen – vielleicht sogar voller Überraschung und Zustimmung – und es danach ins Regal stellen, werden Sie weder etwas ändern noch etwas erreichen.

Lassen Sie sich durch nichts entmutigen. Egal, was wir uns vornehmen – es kann immer ein Dornengestrüpp auftauchen. Doch dahinter gibt es wunderschöne Rosenblüten. Glauben Sie immer an Ihr Ziel und passen bei Hindernissen den Weg an.

Kombinieren Sie die Anregungen aus diesem Buch mit der Kraft Ihrer Gedanken und Ihr Unterbewusstsein gibt Ihnen die Motivation, Krankheiten oder unerwünschte Kilos zu bekämpfen und langersehnte Ziele endlich beständig zu erreichen.

Und nun?

Ich war oft schonungslos und direkt zu Ihnen. Nun folgt die Umarmung als Dank für Ihr Verständnis und Ihre Disziplin. Sie haben Blicke in den faulen Zauber der Industrie und auf die Bühne der ganzheitlichen Gesundheit werfen können. Jetzt seien Sie sich nur noch bewusst, dass unsere Zeit endlich und kostbar ist. Und diese Zeit wollen wir genießen.

Wir werden nicht gleich gebrechlich, wenn wir zwei oder drei Wochen unser Bewegungspensum nicht schaffen. Hauptsache, wir machen dort weiter, wo wir davor aufgehört haben.

Wir werden nicht gleich zerfressen, wenn wir mal etwas länger unter Dauerstress stehen. Hauptsache, wir finden wieder zu unserem Seelenfrieden.

Wir fallen nicht gleich tot um, wenn uns einen Tag die Gier überkommt – nach Negerkussbrötchen am Morgen, Burger und Pommes am Mittag, Donauwellen am Nachmittag, Pizza und Wein am Abend und danach noch eine Portion Eis mit heißen Himbeeren und Schlagsahne.

Solche Entgleisungen haben wir uns verdient und sollten sie skrupellos genießen. Hauptsache, es bleiben nur Entgleisungen. Und die dürfen Sie sich gönnen, wenn nach der Disziplin die Gewohnheit eingetreten ist. Vorher nicht.

Übrigens...
> fanatisch Gesundheit zu betreiben,
> kann sie auch vertreiben...

Hippokrates sagte einst:

„Der Wein ist ein Ding, in wunderbarer Weise für den Menschen geeignet,
vorausgesetzt, dass er bei guter und schlechter Gesundheit sinnvoll
und in rechtem Maße verwandt wird."

In diesem Sinne beende ich das Buch bei einem guten Tropfen und wünsche Ihnen für alle Zeit gute Laune für Körper und Geist.

Ihre Gisa Seeliger